Werde Glücksbringer!

Über die Autorin

Kim Barkmann wurde 1957 in Hamburg geboren, wo sie später auch Germanistik, Philosophie und Erziehungswissenschaften studierte. Ihr Studium finanzierte sie als Referentin für deutsche Sprache an der Hamburger Volkshochschule. Beide Staatsexamina absolvierte sie mit Auszeichnung. Später folgten Reisen durch Europa und Nordamerika, insbesondere durch Minnesota, wo sie enge Freundschaften zu den Ojibway-Indianern knüpfte.

Inspiriert durch die Erlebnisse ihrer Reisen absolvierte sie eine mehrjährige Ausbildung zur weisen Frau und Besprecherin. Im August 1996 verließ sie Hamburg, um im Wendland die erste Besprecherschule Deutschlands zu eröffnen. Seit 2000 lebt sie unter der Bezeichnung De Wise Fru (Niederdeutsch für die weise Frau) in ihrem eigenen Seminarhaus in der Altmark, wo sie ihrer Tätigkeit als weise Frau, Besprecherin und Schamanin nachgeht. Die Arbeit von De Wise Fru gilt als wegweisend für den europäischen Schamanismus.

De Wise Fru
Kim Barkmann

Werde Glücksbringer!
Sieben Schlüssel zu den Türen Deiner Kraft

Bibliografische Information der Deutschen Nationalbibliothek: Die Deutsche Nationalbibliothek verzeichnet diese Publikation in der Deutschen Nationalbibliografie; detaillierte bibliografische Daten sind im Internet über http://dnb.dnb.de abrufbar.

© 2013 Kim Barkmann

Textsatz: Jana Petersen
Umschlaggestaltung: Werbe Agentur art-Ort Salzwedel, nach der ursprünglichen Buchgestaltung Volker Wagners; Artdirection: Heinrich Herbrügger
Lektorat: Gisela Crato
Weitere Mitwirkende: Jan Michael Petersen

Herstellung und Verlag:
BoD – Books on Demand, Norderstedt
ISBN 978-3-7322-5679-2

Danksagung

An dieser Stelle möchte ich mich ganz herzlich bedanken. Ich danke Jana Petersen für die Herausgabe, Koordination und den Satz meines Buches bei BoD. Das ist eine durchaus unangenehme Arbeit, die nicht viele gern auf sich genommen hätten.

Ich danke Heinrich Herbrügger für die Umschlaggestaltung und Ebenso auch den beiden Praktikanten der Agentur art-Ort, Nele Niemeyer und Merlin Armbruster, die sich so hingebungsvoll und kenntnisreich an der Umschlaggestaltung beteiligt haben.

Ebenso danke ich Volker Wagner, von dem die ursprüngliche Idee zu diesem Titelbild stammt, welche er mir mit großzügiger Freundlichkeit und als Unterstützung für mein damals erstes Buch einfach schenkte.

Ich danke auch Michael Petersen für seine tatkräftige Unterstützung bei der technischen Umsetzung. Obwohl er in der Endphase seiner Doktorarbeit stand und eigentlich überhaupt keine Zeit erübrigen konnte, hat er dieses Buch dennoch in zum Teil sogar nächtlichen Einsätzen unterstützt. Seine Freundlichkeit kann ich ihm gar nicht hoch genug anrechnen. Und genauso bedanke ich mich auch bei Louis und Felix Petersen (7 und 4 Jahre), die ihre Mutter bei der Arbeit an diesem Buch dadurch unterstützten, dass sie ab und zu fröhlich und unverdrossen und von sich aus das Abendessen für die Familie zubereiten. Jungs, ich bin begeistert von euch.

Und mein ganz besonderer Dank an dieser Stelle gilt Gisela Crato, die mein Buch akribisch und hingebungsvoll auf Fehler abgesucht und korrigiert hat.

Liebe Gisela, liebe Jana, lieber Heinrich, wo wäre ich ohne euch?

Inhaltsverzeichnis

Wer ist Steffi? 11
Liebe Steffi 13

Der erste Schlüssel
Werde dein eigener Beobachter, gehe in die
Aufmerksamkeit 25

Der zweite Schlüssel
Integriere Deine Gefühle 39

Der dritte Schlüssel
Gehe in den Augenblick – Werde Profigenießer 49

Der vierte Schlüssel
Darshan – Erblicke im anderen die Wahrheit 61

Der fünfte Schlüssel
Der Altar – unser rotes Telefon zur Wahrheit 73

Der sechste Schlüssel
Meditation 91

Der siebte Schlüssel
Diene Deinem Stamm 101

Zum Weiterlesen 115
   Die Rituale der weisen Frauen 116
   Die Akademie für Schamanen und weise Frauen
   in Altensalzwedel 127
   Weitere Bücher von De Wise Fru 130

Verzeichnis der Übungen

Integriere Deine Gefühle	45
Entschließe dich, Profigenießer zu werden	57
Der Darshan	66
Meditation	96

Wer ist Steffi?

Steffi ist eine gute Freundin von mir. Sie und ich, wir hatten denselben Lehrer.

Ich habe das vorliegende Buch in Briefform an Steffi geschrieben, weil sie mir von allen die größte kreative Offenheit entgegenbringt. Sie drängt mich immer, ihr zu schreiben und freut sich über jeden meiner Briefe. Da sie den gleichen spirituellen Background hat wie ich, fühle ich mich von ihr auch immer verstanden. Das erzeugt in mir eine große inspirative Spannung und ermöglicht es mir, Bücher zu schreiben.

Für diese Inspiration möchte ich ihr an dieser Stelle sehr herzlich danken.

Wer sich einem wahrhaftigen Menschen nähert, begibt sich in die Schwingung von Wahrheit. Dadurch wird auch die Wahrheit in ihm zum Schwingen gebracht und erzeugt Veränderungen in seinem Bewusstsein.

Liebe Steffi,

die Menschen stellen mir immer wieder Fragen zum Thema Glück. Die wenigsten können sich vorstellen, dass Glück eine Qualität ist, die man tatsächlich immer leben kann. Damit meine ich nicht nur das Empfinden von Glück, sondern auch das ganz einfache Zusammentreffen glücklicher Umstände, wie etwa: den richtigen Mann treffen oder die richtige Frau, den gewünschten Job bekommen, eine Reise gewinnen und ähnliche Dinge.

Ich habe in meinem Leben immer wieder festgestellt, dass es ganz einfach ist, Glück zu haben. Es erfordert nur die richtige Einstellung zum Leben, zu den Menschen und zu den Dingen.

So habe ich zum Beispiel die ganz grundlegende Erfahrung gemacht, dass nur die Menschen Glück haben, die auch anderen Glück bringen. du weißt ja, dass ich ein lebender Glücksbringer bin. Ich verstehe daher einiges von der Materie und ich konnte erkennen, dass all die vielen Freunde, die durch mich Glück hatten, immer zuvor mir halfen oder mir etwas gaben.

Sie gaben mir Unterkunft, wenn ich in ihrer Stadt war, arrangierten für mich Treffen mit Menschen, die ich gern kennenlernen wollte, brachten mir Nahrungsmittel ins Haus, als ich noch Studentin war, halfen mir, wenn ich etwas brauchte oder suchte, schenkten mir ihren alten Fernseher oder kümmerten sich um meine Katze, wenn ich verreist war. Es hat immer viele Menschen gegeben, die bereit waren, etwas für mich zu tun und all diese Menschen hatten später Glück.

Es ist eigentlich ein ganz einfaches Spiel. Versuche, anderen Glück zu bringen und du selbst wirst Glück bekommen. Es ist also eine der Grundlagen, dass eigensüchtige Menschen, die alles nur für sich wollen, auch kein Glück haben können, weil man nur bekommt, was man auch gibt. Eine alte Weisheit.

Trotzdem kenne ich auch Menschen, die anderen immer gern helfen und ihnen geben, was sie können und die trotzdem Pech statt Glück haben. Das liegt an vielerlei Dingen wie zum Beispiel, dass sie andere mehr lieben als sich selbst oder dass sie wider besseres Wissen geben.

Wenn alle Alarmglocken in mir läuten, sollte ich mir das zu Herzen nehmen und nicht trotzdem weitergeben.

Vor Kurzem erzählte mir eine Schülerin Folgendes:
Sie hatte immer wieder ihre Freundin geschäftlich unterstützt, war für sie da gewesen, hatte ihre Korrespondenz erledigt und auch ihr Geld in die Sache hineingesteckt. Das Ergebnis war, dass sie immer tiefer in Schwierigkeiten, Schadensersatzklagen und Regressforderungen verstrickt wurde. Als ich sie fragte, ob ihre Intuition sie denn nicht gewarnt hatte, gab sie zurück, sie hätte sogar panische Ängste ausgestanden.

Das war ja wohl deutlich genug. Wenn das einzige Gefühl, welches ich bei einem Geschäft habe, panische Angst ist, und ich trotzdem weitermache, was soll denn meine Intuition noch auffahren, um mich zu warnen?

Das Geben muss sich auch richtig anfühlen.

Viele Menschen, die zu mir kommen, um sich darüber zu beklagen, dass sie immer nur ausgenutzt werden, wollen eigentlich nur keine Verantwortung übernehmen. Sie wollen die Lieben und Guten bleiben, die die immer wieder verzeihen und alles geben. Der Preis für diese Haltung ist Ausnutzung. Ich gebe vielen Menschen sehr vieles, denn das ist meine Aufgabe in diesem Leben. Ich bleibe aber trotzdem immer fest in der Wahrheit. Ich unterstütze niemandes Selbstbetrug. Geben ist wichtig für jede Gesellschaft. Eine Gesellschaft von lauter Menschen, die immer nur nehmen wollen, ist zum Untergang verurteilt. Aber dennoch muss ich auch die Verantwortung dafür übernehmen, wem ich gegeben habe und was derjenige daraus zu machen gedenkt. In ein Geschäft zu investieren, das erkennbar keine Basis hat, ist dumm. Pflichten für andere zu übernehmen, die sich nur drücken wollen, ist keine Liebe. Immer wieder Fehltritte anderer zu decken und somit zu verhindern, dass sie ihre Lektion lernen können, ist keine Liebe.

Wann ist Geben dann Liebe?
Wenn du gibst, was der andere braucht. Wenn du frei deiner Intuition folgst und dabei niemals dich selbst verurteilst. Wenn du beim Geben immer noch du selber bleiben kannst. Wenn du das, was du gibst, auch wirklich über hast und nicht in Wirklichkeit selber benötigst.

Wenn du geben und sofort vergessen kannst. Wenn du keine Gegenleistung vom anderen erwartest. Wenn du fähig bist, ebenso gut zu nehmen, wie zu geben. Und vor allem andern:

Wenn du Wahrheit fühlst und Wahrheit gibst.

Was ist diese Wahrheit?
Wahrheit, wie ich sie hier verstehe, ist nicht der Gegensatz von Lüge, sondern das, was hinter allen Meinungen steht. Das, was beginnt, wo Meinungen enden. Viele Schüler sagen mir hierzu: „Aber jeder hat doch seine Wahrheit."

Das ist ebenso falsch wie richtig. Das, was jeder für sich so für wahr hält, ist nicht Wahrheit, sondern Meinung. Insofern hat doch nicht jeder seine Wahrheit, sondern nur jeder seine Meinungen.

Es ist aber auch richtig, dass jeder lebendige Mensch seinen ganz persönlichen Anteil an der Wahrheit hat, denn die Wahrheit des Menschen ist seine Seele, sein göttlicher Funke, seine ihm innewohnende Lebenskraft. Wahrheit ist das, was für alle gilt. Das, worauf alle mit Ja antworten. Sie steht hinter den individuellen Vorstellungen und sie enthält Weisheit, Liebe und Kraft. Das Einzige, was befreit, ist Wahrheit. Nur Wahrheit ist in der Lage, Wahrheit zu erkennen, denn Wahrheit erkennt sich selbst im anderen. Das heißt, wenn du etwas als Wahrheit erkennst, wenn du zum Beispiel einen echten spirituellen Lehrer deutlich von einem Scharlatan unterscheiden kannst, dann ist es nicht etwa dein Verstand, der dies erkannt hat, sondern es ist die Wahrheit in dir, die sich selbst in dem Lehrer wiedererkennt.

Auf diese Weise können wir unserer Wahrheit auf die Spur kommen. Zugleich erklärt es aber auch, warum so viele Menschen einen echten Lehrer nicht erkennen können. Sie haben noch nicht genügend Bewusstsein von der ihnen innewohnenden Wahrheit, um Wahrheit im Außen bemerken zu können. Sie sind noch sehr leicht zu belügen. Das soll aber nicht heißen, dass es Klassenunterschiede zwischen den Menschen gibt. Bewusstere Menschen sind nicht wertvoller als andere. Jeder hat Anteil an der Wahrheit. Jeder Mensch ist ein Tropfen in dem Meer namens Gott. Die Frage ist eben nur, ob sich der Tropfen schon dieser Tatsache bewusst geworden ist oder nicht. Es gibt keinen Grund, dies zu bewerten, auch wenn wir Unterschiede ausmachen können.

Die Wahrheit in uns ist unsere Kraft. Wann immer wir in einer Sache erfolgreich und kraftvoll sind, ziehen wir diese Kraft aus der Wahrheit in unserer Mitte. Wann immer wir in einer Sache kraftlos und erfolglos sind, haben wir uns von der Wahrheit unserer Seele entfernt. Die Wahrheit meiner Seele, das ist die persönliche Form, in der sich die Kraft durch mich offenbaren will. Sie ist individuell und doch allgemeingültig. Jeder Mensch hat seine eigenen Neigungen, Talente und Fähigkeiten in dieses Leben mitgebracht. Nur wenn er sich innerhalb dieser Fähigkeiten bewegt, kann er auch erfolgreich sein, denn hier liegt seine Wahrheit. Ich zum Beispiel kann nur sehr schlecht rechnen. Wenn ich also unbedingt Mathematik unterrichten wollte, wäre ich sicherlich erfolglos darin. Wenn ich aber mit Menschen spreche, bin ich sehr gut, denn genau darin liegt meine Qualität. Wahrheit auszusprechen ist eine der mir in die

Wiege gelegten Gaben. Sie ist einer der Ausdrücke von Wahrheit bei mir. Jeder Mensch hat so seine eigenen Qualitäten und kann auf diesen Gebieten erfolgreich sein. In jedem will sich die Wahrheit auf eine andere, individuelle Weise ausdrücken. Der eine kann wunderschöne Musik machen, die andere kann tanzen wie eine Elfe, ein anderer kann mehr Liebe geben, wieder ein anderer kann seinen Mitmenschen Mut machen. Es gibt viele Ausdrucksformen, aber es gibt nur eine Wahrheit, die sich in all diesen Formen ausdrückt.

Je mehr Wahrheit ich in mir bewusst gemacht habe, umso mehr Wahrheit kann ich auch im Außen erkennen. Denn – wie gesagt:

Wahrheit erkennt sich selbst im anderen.

Je mehr Wahrheit ich mir bewusst gemacht habe, umso mehr Kraft steht mir auch zur Verfügung, denn meine Wahrheit ist meine Kraft.

Zugleich stellt sie auch das Allgemeingültige dar. Meine Wahrheit ist nicht des anderen Lüge. Das mag für meine Meinung gelten, aber Wahrheit ist immer Wahrheit. Meine Wahrheit macht aber auch keine Aussage über andere. Wahrheit dogmatisiert und indoktriniert nicht. Wahrheit ist das Kraft-Gebende, Befreiende. Wenn Regeln, Konzepte und Lehrmeinungen den Schüler nur einengen, kann es sich bei ihnen nicht um Wahrheiten handeln. Wenn eine Lehre den Schüler in eine Rolle drängen will, ist sie nicht Wahrheit.

Wenn du wissen willst, ob jemand aus der Wahrheit spricht, frage die Wahrheit in dir. Es mag nun zwar sein, dass anderen meine Wahrheit nicht gefällt, weil sie an ihrem Selbstbetrug rüttelt, aber dadurch wird Wahrheit nicht falsch.

In der Tat leben wir in einer Gesellschaft, die uns seit unserer Kindheit unsere Qualität als unsere Fehler verkauft. Wenn ein Kind selbstbewusst ist, wird ihm vorgeworfen, es würde die anderen unterdrücken. Ist ein Kind feinfühlig, wird ihm Träumerei und mangelndes Realitätsbewusstsein vorgeworfen. Wer schön singen kann, wird zum Angeber abgestempelt, wer in der Schule gern lernen möchte, ist ein Streber, wer ehrlich ist, wird naiv genannt und so weiter.

Wir Menschen kennen Macht fast nur als Machtmissbrauch. Daher haben wir von klein auf gelernt, uns vor jedem Ausdruck der Macht zu fürchten.

Das ist der Grund, warum die Menschen so beharrlich versuchen, jeden noch so kleinen Ausdruck von Kraft in den anderen zu unterdrücken. Es darf keiner frei, stark, intelligent und selbstbewusst sein. Selbst als Erwachsene lassen wir dieses Programm noch weiterlaufen.

In meinen Seminaren erlebe ich es sehr häufig, dass die schüchternen, eher unterdrückten Teilnehmer sich insgeheim über die stärkeren und selbstbewussteren ärgern. Nicht selten versuchen sie, in einem privaten Gespräch diese Stärkeren bei mir anzuschwärzen. Dann mache ich ihnen im Gespräch immer wieder deutlich, dass jene Eigenschaften der anderen, die ihnen so unangenehm aufgefallen sind, eigentlich die anzustrebenden sind. Anstatt sich über die zu ärgern, die schon freier und selbstbewusster sind als sie, sollten sie lieber versuchen, von ihnen zu lernen.

Für einen schwachen Menschen ist Kraft immer etwas Bedrohliches. Und wenn sich Menschen fürchten, werden sie aggressiv und sei es auch nur mit Worten. Worte können aber wie Messer und spitze Dolche sein, die genau mitten ins Herz der anderen treffen und ihnen den Mut nehmen, ihre Kraft weiterhin zu leben.

Überprüfe einmal, liebe Steffi, welche deiner Eigenschaften man dir immer wieder zum Vorwurf machte. Dann wirst du unter dem Berg von Vorwürfen nichts anderes finden als deine Kraft.

Nehmen wir zum Beispiel einmal deine Fähigkeit, nicht zu denken. Du hast mir erzählt, dass man dir das in der Schule immer vorgeworfen hat. Nun ist es aber so, dass spirituelle Meister sich intensiv um eben diese Fähigkeit bemühen, nicht mehr denken zu müssen. Das tun sie ja nicht ohne Grund. Wenn ein Mensch aufhört, zu denken, ist er so nah an seiner ihm innewohnenden Wahrheit, dass er beginnt, große Kraft auszustrahlen. Das hat man an dir gefühlt und gefürchtet. Deshalb bist du kritisiert worden.

Auch eine feinfühlige Frau stellt eine Macht dar, denn sie fühlt mehr als andere. Sie durchschaut mehr und es ist nicht leicht, sie zu belügen. Deshalb wird ihr diese Sensibilität zum Vorwurf gemacht. Ich kenne nicht alle Vorwürfe, die dir gemacht worden sind. Überprüfe sie nur einmal und du wirst darunter deine Kraft entdecken. Und diese Kraft ist die Kraft der Wahrheit in dir. Die Kraft der dir verliehenen Talente und Fähigkeiten.

Wir müssen uns endgültig von der Hoffnung trennen, dass wir es den anderen jemals recht machen können.

Solange die anderen noch nicht ihre eigene Kraft entfaltet haben, werden sie weiterhin versuchen, deine herunterzuschrauben.

Es wird dir nur mit der Zeit immer weniger ausmachen. Ohnehin ist es ja völlig unwichtig, was andere von dir denken.

Wenn du deine Wahrheit entfaltest, wirst du dadurch immer besser darin, auch Wahrheit in anderen zu erkennen. Dieser Prozess geht einher mit der wachsenden Fähigkeit, dich selbst und andere zu lieben. Denn auch die Liebe ist ein Teil der Wahrheit. Und wenn du so ein Mensch bist, der andere und sich selbst wirklich liebt, der seine Qualitäten kennt, akzeptiert und lebt, ein Mensch, der andere vor sich bestehen lassen kann und nicht mehr zwanghaft versucht, sie zu verkleinern, um sich nicht mehr fürchten zu müssen, wenn du so ein Mensch geworden bist, dann bist du ein Glücksbringer für andere und für dich selbst.

Was ist ein Glücksbringer?
Lebende Glücksbringer sind Menschen, die ihre Wahrheit gefunden haben und sie leben. Sie haben keine Angst mehr vor der Kraft der anderen, weil ihnen klar geworden ist, dass nicht die Kraft der anderen Probleme erschafft, sondern der Mangel an Kraft. Wo Wahrheit, Liebe und Kraft vorhanden sind, gibt es keine Probleme, wohl aber dort, wo diese drei fehlen.

Wenn ein Mensch die Wahrheit in sich gefunden hat, erkennt er sie auch in anderen und kann ihnen helfen, sie ebenfalls zu sehen. Wahrheit interessiert sich immer nur für Wahrheit. Ein wahrhaftiger Mensch wird sich also immer nur für das Wahrhaftige in den anderen interessieren und sich darauf richten. Da aber alles in dieser Welt sich von Aufmerksamkeit ernährt, wird sich das Wahrhaftige in anderen durch die Aufmerksamkeit ernähren, die wir darauf richten. Es beginnt auch in ihnen zu wachsen. Das wirkt sich in ihren Leben als Glück aus.

Dazu ein konkretes Beispiel:
Vor vielen Jahren habe ich einmal ein Praktikum in einer Indianerschule in Minneapolis gemacht. Meine Aufgabe dort war nicht sehr groß. Ich musste eigentlich nur die Erstklässler immer wieder auf ihre Sitzplätze zurückverfrachten. Die Arbeit war auch nicht so wichtig, viel interessanter war für mich, dass ich auf diese Weise in Kontakt mit Indianern kam und vieles über ihre Kultur und Lebensweise erfahren konnte. Jeden Tag in der Mittagspause saß ich mit der Ojibway Indianerin Sarah auf dem Spielplatz und stellte ihr viele neugierige Fragen. Und Sarah beantwortete meine Fragen freundlich und liebenswürdig so gut sie konnte. Wenig später bewarb sie sich um eine bessere Stellung als Ausbilderin. Und sie bekam die Stellung auch.

Erst viel später wurde mir bewusst, dass meine vielen neugierigen Fragen zu diesem persönlichen Erfolg beigetragen hatten. Sarah war gerade dabei, alle Motivation zu verlieren und den Unterricht schleifen zu lassen.

Meine respektvollen Fragen über ihr Volk, deren Kultur und Lebensweise haben ihr wieder bewusst gemacht, wer sie eigentlich war. Ein neuer, alter Mut kam in ihr auf, Erinnerungen an frühere Motivationen und Kräfte. Sie erzählte mir davon, wie sie an der Gründung jener Schu-

le beteiligt gewesen war, und gab sich dabei selbst ihre Erinnerungen zurück.

Stell dir einmal vor, jemand käme zu dir und wäre begeistert von allem, was du erzählst, will immer noch mehr wissen, und weiß wirklich zu schätzen, was da von dir kommt und wer du als Mensch bist. Das würde dir auch neue Kraft und neues Selbstbewusstsein geben, nicht wahr?

Bei Sarah führte das zu einer beruflichen Verbesserung. Die neue Arbeit und die damit verbundenen Veränderungen werden ihre Lebensgeister sicherlich neu angekurbelt haben.

Dieses Beispiel verdeutlicht, wie Wahrheit immer wieder Wahrheit hervorbringt. Die Wahrheit, die ich ihr entgegenbrachte, war meine aufrichtige Bewunderung und mein Respekt vor ihr als Mensch und vor ihrem Handeln. Das hat die Wahrheit in ihr, ihren Mut, ihre Motivation und ihr Selbstbewusstsein wieder entfacht.

So werden wir zu Glücksbringern für andere, ohne dass wir herumlaufen und ständig Menschen missionieren müssen. Auch das wird deutlich in diesem Beispiel. Ich war die Fragende, nicht die Antwortende. Ich habe Sarah nicht missioniert, nicht auf sie eingeredet und versucht, sie wieder zu sich selbst zurückzubringen. Sie hat das selbst getan.

Wir helfen niemandem, wenn wir versuchen, anderen irgendetwas einzureden. Sie nehmen sich von allein so viel Wahrheit, wie sie schon erkennen können. Es ist unhöflich, ihnen etwas aufdrängen zu wollen, was sie nicht haben möchten. Es reicht völlig aus, voll und ganz Selbst zu sein. Dann ist der Mensch in der Tat eine Quelle der Wahrheit. Und ebenso wie wir aus einer Wasserquelle nur so viel trinken, wie wir durstig sind, nehmen sich die Menschen von uns, was sie für sich gebrauchen können.

Ein Mensch, der die Wahrheit voll und ganz verwirklicht hat, wird auf diese Weise zu einem wandelnden Segen für andere. Die verwirklichte Kraft geht mit ihm, wo immer er sich hinbewegt und begleitet ihn in jeder seiner Lebenssituationen. Sie macht nicht halt vor der Arbeit oder dem Arbeitsamt, im Schlaf oder auf der Toilette. Wenn die Wahrheit da ist, ist sie die ganze Zeit über da. Selbst wenn sie unausgesprochen bleibt, schwingt sie im Raum und ermöglicht Einsichten.

Wer sich einem wahrhaftigen Menschen nähert, begibt sich in die Schwingung der Wahrheit. Dadurch wird auch die Wahrheit in ihm zum Schwingen gebracht und erzeugt Veränderungen in seinem Bewusstsein.

Ich werde in den folgenden Briefen sieben Einsichten vermitteln, die als Schlüssel fungieren, um die Türen zur Wahrheit zu öffnen. Hinter jeder Tür beginnt freilich ein Weg, der gegangen sein will. Aber mit dem Schlüssel öffnet sich die Tür zu diesem Weg.

Wem es gelungen ist, diese Einsichten zu tätigen und in sein Leben und sein Selbst zu integrieren, der kann sich auf den Weg machen, um ein Glücksbringer für sich, für andere und in dieser Welt zu werden.

Deine Kim

Der erste Schlüssel

Werde dein eigener Beobachter, gehe in die Aufmerksamkeit

*Beobachte die Mechanismen in deinem Innern.
Werte sie nicht, beobachte nur. Werde aufmerksam.*

Liebe Steffi,

die uns innewohnende Wahrheit, unsere Seele, unsere Kraft und Liebe ist umgeben von etwas, das wir unser Ego nennen können.

Was ist Ego?
Ego umgibt unsere Wahrheit wie eine Art Schutzschild. Wir haben diesen Schild selbst gebildet, um weniger verletzlich zu sein, als wir noch Kinder waren.

Ego besteht aus unseren Kindheitstraumata und den daraus resultierenden Gefühlen, Zwängen und Überzeugungen. Und Ego besteht aus Gedanken, Denksystemen und Konzepten über die Welt, die Menschen und uns selbst.

Ego ist ebenso vergänglich wie der Körper, während unsere Wahrheit ewig und unsterblich ist.

Das bedeutet, wir sind nicht unsere Traumata, unsere Gefühle oder unsere Meinungen. Diese Elemente umgeben uns lediglich wie etwa Kleidung den Körper umgibt und schützt. Es gibt Lehrmeinungen innerhalb der Psychologie, die dem Menschen einreden wollen, er sei die Summe all seiner Erfahrungen und Gedanken. Das ist falsch.

Unsere Gedanken sind noch nicht einmal ein fester Teil von uns, da sie sich ständig verändern können. Stelle dir ein Spiegelei in der Pfanne vor. Das Eigelb ist die Seele, die Wahrheit – und das Eiweiß ist das Ego. Alles zusammen ist das Ei, aber es wäre doch unfair, dem armen Ei einreden zu wollen, es bestünde in Wirklichkeit nur aus dem Eiweiß und das Eigelb sei Illusion. Ohne Eigelb auch kein Eiweiß. Ohne Seele auch kein Mensch.

Ich werde mich im nächsten Brief ganz ausführlich mit den Traumata und dem „Gefühlsego" beschäftigen, also jenem Teil des Egos, der Gefühle erzeugen und damit arbeiten kann. Dieser Brief ist dem Gedankenego gewidmet. Dem Teil in uns, der ständig versucht, die Welt in Konzepte zu pressen, Menschen in Schubladen zu stecken und alles erklären zu wollen.

Dazu zunächst einmal ein Beispiel:
In einem meiner Seminare fanden sich durch glückliche Fügungen und Umstände lauter besonders nette und entwickelte Menschen zusammen. Das ganze Seminar verlief in einer sehr entspannten und vor allem fröhlichen Atmosphäre. Wir hatten viel Spaß und lachten viel. Alle Seminarteilnehmer sahen im Verlaufe des Wochenendes

immer leuchtender und strahlender aus – bis auf eine Ausnahme. Eine Teilnehmerin wirkte von Stunde zu Stunde grauer und älter. Sie wurde immer schweigsamer und sagte schließlich gar nichts mehr.

Schließlich fand ich eine Gelegenheit, sie zu befragen, was denn eigentlich mit ihr sei und bekam darauf folgende Antworten. Sie hatte sich immer mehr in sich widersprechende Gedankenkonstrukte verwickelt. Einerseits war sie der Meinung, sie wäre dümmer als die übrigen Seminarteilnehmer, andererseits nahm sie es den anderen übel, dass sie sich so oft und viel einbrachten. Sie fühlte sich abgestoßen von dem Selbstbewusstsein, welches einige an den Tag legten, verurteilte sich aber zugleich auch selber dafür, sich nicht ebenso zu verhalten.

Hier haben wir ein schönes Beispiel für ein typisches Gedankenego.

Bevor ich das Beispiel genauer erläutere, möchte ich ganz klar sagen, dass ich diese Frau in keiner Weise verurteile oder sie abwerte für ihr Ego. Wir alle haben so ein krummes Ding in unseren Hirnen. Sie ist kein Einzelfall. Und es gibt kein Ego, das schlechter ist als andere Egos. Wir brauchen nicht zu unterscheiden zwischen dem tugendhaften und dem egoistischen Ego. Das eine hat nicht mehr Realitätsgehalt als das andere und die Funktion des Egos für uns ist immer dieselbe. Ego ist es ziemlich egal, woran es sich festmacht, Hauptsache, wir glauben ihm. Wenn es klappt, macht es uns zu Opfern, wenn es besser klappt, zu Tätern. Ego selbst unterscheidet nicht. Es nimmt immer, was es an Aufmerksamkeit von uns kriegen kann.

Eigentlich hätte diese Frau doch glücklich und fröhlich in meinem Seminar sitzen und ganz viel lernen können.

Was hat sie daran gehindert? Anstatt zu lernen, hat sie über die anderen Seminarteilnehmer nachgedacht. Anstatt frei aufzunehmen, was das Seminar zu bieten hatte, verurteilte sie wechselweise mal die anderen, mal sich selbst. Mal waren ihr die anderen zu vorlaut, mal sie sich selbst zu schüchtern. Kein einziger dieser Gedanken wäre notwendig gewesen. Sie hätte das ganze Denken auch einfach weglassen können. Es sind hier keinerlei fruchtbare Denkprozesse abgelaufen, es war einfach nur ein Haufen Müll in ihrem Kopf. Auf diese Weise konnte sie sich nicht einbringen in das Seminar, konnte unsere Freude nicht teilen, konnte sich nicht mit uns entspannen, konnte auch den Stoff des Seminars nicht in sich aufnehmen und hatte insgesamt ein unerfreuliches Wochenende, was ihr auch optisch anzusehen war. Sie wirkte plötzlich weit älter, als sie in Wirklichkeit ist.

Das ist die Wirkung des Gedankenegos. Gedankenego bringt es immer wieder fertig, uns zu nehmen, was wir doch eigentlich schon haben.

Hierzu noch zwei weitere Beispiele:
Ich kenne einige Menschen, die von Guru zu Guru reisen, um immer wieder ihre brennenden Lebensfragen zu stellen. Wenn der Guru dann zu ihnen spricht, glauben sie ihm nicht und kehren nach Hause zurück mit Worten wie: Er ist selbst noch nicht erleuchtet. Er hat selbst noch Themen zu bewältigen. Ob der Guru sowieso noch irgendwelche Themen hat oder nicht, könnte ihnen ja eigentlich egal sein. Hauptsache, er kann die Frage be-

antworten. Aber die Suchenden glauben ihm nicht, weil ihr Ego ihnen einredet, nur ein vollkommen Erleuchteter könne ihnen helfen.

Bei mir im Hause hat kürzlich eine Schülerin einen Vortrag gehalten und wirkte dabei wohl sehr schüchtern. Eine der Teilnehmerinnen sagte mir hinterher, sie hätte sich nicht getraut, ihr eine Frage zu stellen aus Angst, sie dadurch noch mehr zu verunsichern.

Ich antwortete darauf lachend und sagte ihr, sie hätte auf das hören sollen, was die Schülerin sagt und nicht darauf, wie sie es sagt.

Alle diese Beispiele sollen verdeutlichen, wie der Gedanke unsere Möglichkeiten verringert und vernichtet. Er bringt es fertig, uns um den Genuss eines kompletten Seminars zu bringen, indem er uns veranlasst, über den Seminarleiter nachzudenken, anstatt über das, was er sagt. Oder er verführt uns, über die anderen Teilnehmer zu grübeln, anstatt zuzuhören, wie wir es doch eigentlich vorhatten.

Noch ein Beispiel:

Stell dir einen wunderschönen Sommertag vor. Du liegst in einem Liegestuhl und hast eine kühle Limonade in der Hand. Eine sanfte Brise fächelt dir Kühlung zu, über dir breitet ein Baum seine grünen Äste aus. Du hast keine unerledigte Arbeit vor dir, sondern frei. Alles ist in Ordnung, alles stimmt. Jetzt solltest du eigentlich genießen. Aber aus irgendwelchen Gründen fängst du an, mit deiner Freundin neben dir über ein Problem zu sprechen, das du auf der Arbeit hast. Und schon bist du mitten im Problembewusstsein, schimpfst über den bösen Kollegen, denkst über unangenehme Vorgänge nach, bist verärgert und frustriert. Du siehst nicht mehr die grünen Blätter des Baumes über dir oder den strahlenden Himmel, du genießt nicht mehr die kühle Brise und die kalte Limonade, die Sonne ist vergessen, die Entspannung dahin. Alles an dir ist jetzt reines Problembewusstsein.

Wer zwingt dich, das zu tun? Warum machen die Menschen so etwas? Was ist das für ein Zwang in uns, der uns dazu bringt, immer über Negatives nachzudenken?

Es ist wieder einmal das Gedankenego. Es mischt sich gern und häufig ein und verkauft dir permanent Lösungen für Probleme. Wenn in dir ein Problem auftaucht, kommt es sofort hilfreich in dein Bewusstsein und bietet sich als Problemlöser an. Dann beginnst du, zu denken und zu grübeln und es endet immer mit einem ausweglosen System. Der Gedanke ist im Vergleich mit der Wahrheit dumm. Er hat zwar eine gewisse Intelligenz, aber die Wahrheit hat Weisheit. Der Gedanke liefert immer nur ausweglose Systeme.

Hier zwei Beispiele:
Ich liebe meinen Mann nicht mehr. Ich kann mich an seiner Seite nicht verwirklichen. Ich kann ihn aber auch nicht verlassen wegen der Kinder und weil ich keine Arbeit habe. Also muss ich bei ihm bleiben und mich immer schlecht fühlen.

Ich hasse meine Arbeit, aber ich kann nicht kündigen, weil ich in meinem Alter keine andere Arbeit wiederfinde. Ich brauche auch gar nicht erst zu suchen, ich finde ja sowieso nichts.

So funktioniert das Gedankenego.

Es hat aber auch noch üblere Eigenschaften. Zum Beispiel neigt es dazu, uns zu belügen. Es zeigt auf ein Detail und erzählt uns, diese kleine Sache sei einfach unerträglich. Es bringt uns dazu, zu reagieren und etwas Kostbares wegzuwerfen.

Vielleicht finden wir einen wunderbaren Mann und nehmen eine Liebesbeziehung mit ihm auf. Aber er liebt Fußball und will jeden Freitag Fußball im Fernsehen sehen. Dieses Detail verkauft uns das Gedankenego als ein gewaltiges Ding. Es nimmt immer mehr Raum in unserem Bewusstsein ein. Bald erscheint es uns, als sei diese Liebe zum Fußball ein echtes Hindernis für unsere Beziehung. Wir fangen an zu streiten und schließlich folgt die Trennung.

Sobald wir wieder allein sind, schrumpft das aufgeblasene Fußballproblem wieder auf seine wirkliche Größe zurück und wiir fragen uns ratlos, wieso wir so dumm sein konnten, eine kostbare Beziehung wegen so einer Kleinigkeit aufzugeben.

Natürlich funktioniert dieses Spiel auch andersherum. Vielleicht befinden wir uns in einer ganz furchtbaren Beziehung, werden täglich beschimpft und geschlagen, haben immer Angst und wagen kaum noch, den Mund aufzumachen. Aber der Mann hat eine gute Eigenschaft, die er selten zwar, aber doch immerhin ab und zu einmal durchblicken lässt. Dann hält uns das Gedankenego dieses eine positive Element immer wieder vor Augen und redet uns ein, dass es sich lohnt, deswegen zu bleiben.

Wenn dann eines Tages doch die Trennung erfolgt und die Frau wieder zur Vernunft kommt, fragt sie sich, wieso sie das eigentlich so lange ertragen hat, denn jetzt zeigt ihr das Ego die wirklichen Relationen dieser Beziehung.

Ich habe all diese vielen Beispiele aufgeführt, um deutlich zu machen, dass da in unserem eigenen Innern ein Berater sitzt, der uns belügt. Dieses Ego lügt, denn es geht ihm nicht um unser Wohl, sondern um seinen Herrschaftsanspruch. Ihm macht es nichts aus, uns morgen das Gegenteil von dem zu erzählen, was es gestern sagte. Gestern riet es uns, uns zu trennen, da wir die Fußballleidenschaft unseres Partners wirklich nicht mehr ertragen können. Morgen, wenn wir bemerken, was wir verloren haben, sitzt es uns im Nacken und fragt: „Wie konntest du nur so dämlich sein, diesen kostbaren Menschen zu verlassen?"

Und es ist dasselbe Ego, nicht etwa ein anderes, das uns noch gestern zur Trennung riet.

Ego ist es egal, ob es unglaubwürdig wird. Wir werden ihm ja doch wieder glauben. Alle vom Ego erschaffenen Konzepte haben immer den typischen Charakter der Ausweglosigkeit.

Manchmal weist uns das Gedankenego auch Wege, die dann aber immer zu mehr Kraftverlust führen. Wenn uns zum Beispiel jemand ständig tyrannisiert und wir uns trotzdem nicht wehren, weil wir nicht lieblos sein wollen.

Wer hat uns da erzählt, es sei lieblos zu schimpfen? Wer hat uns erzählt, wir sollten unser letztes Hemd hergeben? Wer hat uns veranlasst, uns von etwas zu trennen, das wir gar nicht entbehren können? Wer bringt uns dazu, uns über die falsch ausgedrückte Zahnpastatube so aufzuregen, dass uns die Liebe entgleitet?

Es ist immer wieder und immer aufs Neue das Ego.

Warum macht Ego das?
Ego hat Angst um seinen Herrschaftsanspruch. Wenn wir anfangen, unsere Wahrheit zu erkennen und zu leben, wird Ego von seinem Thron gestoßen. Es wird zu unserem Diener. Dazu ist es seiner Natur nach geschaffen. Der Gedanke hilft uns, wenn wir etwas organisieren, planen oder niederschreiben wollen.

Nichts, was wir bekommen haben, ist dazu da, es wegzuwerfen. Das gilt auch für das Ego. Es muss nur an die richtige Stelle in unserem Innern gerückt werden.

Und hierzu dient der erste Schlüssel:
Werde dein eigener Beobachter.
Erlange Aufmerksamkeit.

Beginne damit, zu bemerken, was da eigentlich in deinem Innern vorgeht.

- Wenn du anfängst, dich über Zahnpastatuben zu ärgern, bemerke es.
- Wenn du anfängst, über die anderen nachzudenken, anstatt über dich, bemerke es.
- Wenn du anfängst, anderen Fehler nachweisen zu wollen, anstatt auf dich selbst zu schauen, bemerke es.
- Wenn du anfängst, anderen Dinge zu unterstellen, bemerke es.

Bemerke es, wann immer das Gedankenego sich äußert. Beobachte dich gelassen und durchschaue seine Spielchen. Der Beobachter ist ein Teil deiner Seele, also ein Teil der Wahrheit. Der Beobachter bewertet nicht. Er sagt nicht: Das ist ein böses Ego und das ist ein guter Gedanke. Der Beobachter in dir nimmt nur zur Kenntnis. Er verurteilt dich nicht, wenn er dich bei einem Fehler ertappt. Wenn du selbst dich verurteilst, bist du nicht im Beobachter, sondern im Ego.

Du brauchst dich nicht zu verurteilen. Alle Menschen machen Fehler. Daraus können wir immer lernen. Lache lieber über dich, wenn du dich gerade wieder bei einem gewaltigen Fehler ertappst. Und höre auf, ihn zu wiederholen. Beobachte, was in deinem Innern vorgeht.

Wir haben die Möglichkeit, immer zu bemerken, welche Energien und Kräfte sich gerade in uns austoben wollen. Ich kann bemerken, wann ich verurteile, und dadurch damit aufhören.

Schau dir einmal die Tarotkarte „Der Wagen" aus dem Rider Set an. Da siehst du einen Mann auf dem Siegeswagen und vor ihm eine weiße und eine schwarze Sphinx. Die weiße Sphinx symbolisiert unsere guten Eigenschaften, die schwarze unsere schlechten. Es wird aber aus der Karte deutlich, dass wir weder aus unseren guten Eigenschaften bestehen noch aus den schlechten. Wir sind weder schwarz noch weiß, wir sind derjenige, der schwarz und weiß erkennen kann, der Wagenlenker, der die Zügel der beiden hält. Wir sind der Beobachter, der all die Mechanismen in unserem Innern wahrnehmen und durchschauen kann. Es macht Spaß, versuche es einmal. Es ist lustig und spannend zugleich, wie ein

Kriminalkommissar all den Tricks und Schlichen des Ego auf die Spur zu kommen.

Je mehr du es identifizieren kannst, umso weniger Macht bekommt es von dir. Die Macht, welche es zuvor über dich ausgeübt hat, indem es dich zum Beispiel zwang, über andere nachzugrübeln, anstatt ein Seminar zu genießen, diese Macht fließt immer mehr dem Beobachter zu, sodass es mit der Zeit auch immer leichter wird, Ego zu entlarven.

Generell ist es immer ein Anlass zu Misstrauen, wenn du plötzlich ein scheinbar ausweglos Konzept in deinem Innern vorfindest. Die Wahrheit ist nie ohne Ausweg, sie schmerzt auch nicht. Wenn dich also einige Gedanken schmerzen, die du denkst, kommen sie nicht aus der Wahrheit. Das, was wir uns gern gegenseitig vorwerfen und als Wahrheit bezeichnen, tut dem anderen fast immer weh. Wahrheit tut aber nicht weh, sondern befreit.

Wenn du also etwas Schmerzhaftes, Ausweglos denkst, bist du nicht im Beobachter, sondern im Ego. Dann sage dem Ego freundlich aber bestimmt ab. Sage ihm, dass du ihm für seine Bemühungen, dir zu helfen, zwar dankst, dass du aber die Hilfe lieber aus einer anderen, höheren Instanz bekommen möchtest. Es möge also schweigen.

Dies ist der erste Schlüssel:

- *Beobachte die Mechanismen in dir selbst.*
- *Werte nicht, beobachte nur.*
- *Lerne mit großer Konsequenz, dein eigener Beobachter zu werden.*

Dazu noch zwei Tipps:

- Gehe anderen nicht auf die Nerven mit deiner Selbstbeobachtung. Es kann ziemlich unangenehm sein, jemanden bei sich zu haben, der ständig allen anderen erzählen will, was er gerade an sich selbst beobachtet hat. Kein Mensch interessiert sich so sehr für dich wie du selbst. Wir können nicht erwarten, dass die anderen unsere geistigen Ergüsse ebenso spannend finden wie wir. Als ich sagte, beobachte dich selbst, habe ich damit nicht gemeint, erzähle Gott und der Welt alles, was du bemerkt hast. Dieser Prozess kann ebenso gut in der Stille stattfinden.

- Bleibe bei der Selbstbeobachtung, fang nicht an, es mit anderen ebenso zu machen. Wenn wir anderen ständig erzählen, welche Eigenschaften und Neigungen wir eben gerade an ihnen beobachtet haben, werden wir nicht nur zu einem Stressfaktor für sie, sondern wir verunsichern sie auch. So helfen wir niemandem. Andere zu beobachten, führt sehr schnell zu Unterstellungen, gegen die sich niemand wehren kann. Wir sollten unsere Beobachtungen und Einsichten auf uns selbst beschränken und die anderen damit in Ruhe lassen.

Als ich damals zu den Indianern kam, traf ich einige Menschen, die viel bewusster, respektvoller und offener waren als ich. Sie waren aber so höflich, mich nicht spüren zu lassen, dass sie weiter waren als ich. Erst Jahre später, als ich mich langsam anschickte, den Respekt vor den Menschen zu begreifen, wurde mir klar, dass meine Indianerfreunde das schon lange verwirklicht hatten. Diese Höflichkeit sollten wir praktizieren. Sei, was du bist, und lasse es die Menschen nicht spüren, wenn sie ihre Wahrheit noch nicht erkannt haben.

Da es sich bei diesem Schlüssel insgesamt um eine Übung handelt, brauche ich hier nicht noch extra Übungen zu entwickeln. Du kannst es einfach so üben, wie du es am einfachsten findest. Vielleicht möchtest du ein Tagebuch führen, um deine Beobachtungen hineinzuschreiben. Es ist aber nicht unbedingt nötig, denn das Ziel besteht nicht darin, möglichst viele Beobachtungen zu sammeln, sondern sich in der Fähigkeit des permanenten Beobachtens zu schulen. Dadurch entsteht in dir Aufmerksamkeit und Konzentration.

Was bewirkt die Aufmerksamkeit für uns?
Aufmerksamkeit führt zu mehr Bewusstsein. Je bewusster wir werden, desto weniger Macht hat der Gedanke über uns. Gedanke absorbiert unsere Kraft. Wer in Gedanken verstrickt ist, kann sich nicht freuen, kann nicht genießen, er grübelt, wo andere sich amüsieren.

Wenn es uns gelingt, durch Beobachtung und Aufmerksamkeit aus dem Machtbereich des Gedankenegos herauszukommen, wird alle Kraft frei, die bisher durch den Gedanken gebunden war. Zugleich werden wir fähig, die Wahrheit hinter all den Gedanken zu erkennen.

Ein aufmerksamer Mensch nimmt immer mehr wahr als ein unkonzentrierter. Der Gedanke kann uns nicht mehr so leicht in die Falle locken und in den Bann seiner Systeme ziehen. Stattdessen wird unser Geist frei, zu erkennen, was wirklich ist.

Deine Kim

Der zweite Schlüssel

Integriere Deine Gefühle

Mit der Reintegration des Gefühls nimmst du nicht nur deine Kraft wieder in dich auf, sondern es kehrt auch deine Fähigkeit zu dir zurück, dich selbst zu lieben.

Liebe Steffi,

im letzten Brief habe ich beschrieben, wie wir das Gedankenego unschädlich machen können durch Beobachtung und Aufmerksamkeit.

So bringen wir den Gedanken zum Schweigen und vernehmen an seiner Stelle den Ausdruck unseres Geistes.

Es bleibt aber immer noch das Gefühlsego übrig.

Ich will damit nicht sagen, dass alle Gefühle immer schlecht wären, das keineswegs. Es gibt aber Emotionen, die den Menschen seit jeher als Hindernisse auf dem Weg in ihre Kraft erschienen sind. Ich spreche von Hass, Gier, Neid, Eifersucht und Angst.

Wenn du Empfindungen in dir hast, die dich froh und glücklich machen, brauchst du daran nichts zu verändern. Lasse sie zu und genieße sie.

Aber die Empfindung von Angst, Hass oder Eifersucht kann dich quälen und an deiner Entfaltung hindern. Es scheint so, als wollten diese Gefühle aus deinem eigenen Innern deine Transformation verhindern. Sie stellen sich dir in den Weg, wenn du dich auf die in dir wohnende Wahrheit zu bewegst. Da Menschen schon vor Tausenden von Jahren eben diese Feststellung gemacht haben, erschienen ihnen diese Gefühle als feindlich. In der Bibel werden Neid und Gier sogar als Todsünden beschrieben. Auch heute noch gibt es auf der Welt viele spirituelle Richtungen, die sich darum bemühen, solche Empfindungen zu unterdrücken. Einige spirituelle Lehrer raten dazu, in Dauermeditation zu gehen, um dem Aufkommen von Emotionen keine Chance mehr zu lassen, andere arbeiten und dienen ununterbrochen zu demselben Zweck. Diese Bemühungen, Ego zu unterdrücken, sind nicht nur erfolglos, sondern auch schädlich.

Wenn ein Mensch durch äußerste Bemühung sein Ego von sich abspaltet und seine Seele sich in die Erleuchtung erhebt, bleibt das abgespaltene Ego hier auf der Erde zurück. Es kann nicht mit transformieren und sucht sich daher einen neuen Wirt, der sich weniger leicht von ihm trennen kann.

Wenn sich auf diese Art und Weise an einer Stelle der Erde ein Heiliger erhebt, erhebt sich an einer anderen Stelle ein Hitler, ein Stalin oder ein ähnlicher Mensch, der mit ebenso viel Macht ausgestattet ist wie der Heilige, aber zugleich auch mit all dem Ego, das der Heilige in sich verleugnet und abgespalten hat.

So erreichen wir nichts hier auf der Erde. Wenn wir diese Welt wirklich verbessern wollen, müssen wir endlich auch die Verantwortung für unseren Hass, unsere Angst und unsere übrigen sogenannten negativen Gefühle übernehmen.

Hierfür gebe ich dir den zweiten Schlüssel.

Was soll mit unseren negativen Gefühlen geschehen?

Um den zweiten Schlüssel zu verstehen, müssen wir erst einmal begreifen, dass Hass, Angst, Wut und all die anderen scheinbar negativen Gefühle in Wirklichkeit Liebe sind. Sie sind Liebe, die falsch verstanden wurde.

Woher kommen diese Gefühle?

Irgendwann in deiner Kindheit oder vielleicht auch schon in einem deiner früheren Leben hast du einmal etwas Unangenehmes erlebt.

Nun sind wir aber als Kinder weit offener als später, wenn wir erwachsen sind. Die Tür unseres Herzens steht der ganzen Welt offen. So kann vieles für uns schmerzhaft sein, was für einen Erwachsenen kein Problem mehr darstellt. Hinzu kommt noch, dass wir als Kinder unfertige, hilflose und zutiefst auf andere angewiesene Wesen waren. Nichts ist für ein Kind bedrohlicher, als wenn gerade die Menschen, auf die es doch so sehr angewiesen ist, sich gegen es richten. Es kann sein, dass unsere Mutter uns angeschrien hat oder vielleicht war es auch der Vater. Die Eltern waren einfach nur überfordert und erschöpft. Für sie war es nur ein kleiner Wutausbruch. Aber für das Kind ist dieser Wutausbruch furchtbar. Der eigene Vater ist böse auf das Kind.

Es ist hier gar nicht von Belang, welche Situation es nun war. Jeder hat seine Traumata. Entscheidend ist lediglich, was dadurch in uns geschah.

Wir haben einen Moment von Schmerz erlebt, der uns unerträglich erschien. In uns entstand Leid. Auf dieses Leid reagiert die Liebe in unserer eigenen Seele, in unserem Innersten, und bildet ein Ego. Es entsteht zum Beispiel eine Angst. Angst sagt zu dem Kind: „Sei beruhigt. Jetzt bin ich ja da. Ich werde mich vor die Tür dieses Leids stellen und dafür sorgen, dass nie wieder etwas durch diese Tür gehen kann. Du musst das, was du eben erlitten hast, nie mehr wieder fühlen."

Und dann stellt sich die Angst vor die Tür im Herzen des jungen Menschen und hält dort Wache wie ein römischer Gladiator. Angst bekämpft von nun an alles, was sich dieser Tür nähert. Angst beginnt schon so früh mit der Abwehr, dass wir später gar nicht erst in die Nähe dieser Situation gelangen können, wodurch die Gefahr einer Wiederholung gebannt werden soll.

Nun ist aber das Ego dumm. Wir selber sind die geistige Schaltzentrale. Ego ist nur ein kleiner, unwissender Diener, der seine Pflicht tut.

Hinzu kommt auch noch, dass wir diese Egoaspekte in unserer Kindheit gebildet haben. Sie bleiben für immer im Kindheitsstadium. Sie sind unendlich tapfer und kämpfen unermüdlich für uns. Sie bekämpfen sogar uns selbst, wenn wir als Erwachsene kommen und unsere Kindheitstraumata aufarbeiten wollen.

Wir müssen diese Tür in unserem Herzen noch einmal durchschreiten, um das, was sich dahinter verbirgt, wieder in unser Bewusstsein aufzunehmen. Aber wir bekommen damit Schwierigkeiten, denn der Gladiator steht davor und will uns nicht hereinlassen.

Was sind das für Elemente, die sich hinter diesen Türen verbergen?

Da wartet unser Urvertrauen, unsere Liebe, unsere Offenheit, unser Mut, unser Selbstvertrauen. Es sind halt all die Aspekte unserer Person, die in unserer Kindheit verletzt wurden. Um an sie heranzukommen, müssen wir den Wächter vor der Tür wieder zu uns nehmen.

Wir müssen uns einmal ganz deutlich machen, dass dieser Wächter aus Liebe entstanden ist und aus Liebe für uns kämpft. Er mag zwar dumm sein, aber er ist loyal und tapfer. Er steht da und kämpft unermüdlich für uns. Mittlerweile ist er schon zerschunden und verwundet, denn niemand mag Angst oder Hass. Niemand hat je diese Gefühle geliebt. Jeder und alles hat sie immer nur bekämpft. Das hat dieses Ego freiwillig auf sich genommen. Um uns zu dienen und zu beschützen, hat sich dieser Teil unserer Kraft freiwillig in die Rolle der ewig ungeliebten und von allen Seiten bekämpften Angst begeben. Welcher Mensch hätte uns je so geliebt? Wer hätte je so lange und ausdauernd für uns eingestanden? Welcher Mensch würde sich derart für unser Wohl opfern?

Das ist Liebe! Das ist Loyalität!
Und das ist deine Kraft.

Wir müssen das zu schätzen wissen. Ego kann nichts für seine Dummheit. Niemand hat ihm gesagt, dass der Krieg aus ist.

Die Angst oder die Wut, die Eifersucht oder die Gier, was es auch immer sein mag, will uns nur vor jenem alten Schmerz behüten. Das ist ihr alleiniges Bestreben. Je nach der Art des jeweiligen Schmerzes haben wir eine Angst oder eine Wut ausgebildet, eine Gier oder vielleicht einen Neid. Es gibt keinen Grund, hier Wertungen vorzunehmen. Sie sind alle nichts anderes als falsch orientierte Liebe.

Der wichtigste Schritt zu einer echten Veränderung ist ein wirkliches Begreifen und Empfinden davon, dass wir es hier mit Liebe zu tun haben.

Was bedeuten diese Egoaspekte für uns?
Jeder einzelne dieser Gefühlsegos birgt einen Teil unserer Kraft. Angst zum Beispiel stellt eine große Kraft dar. Angst kann einen Menschen sein ganzes Leben lang hindern. Wäre es nicht wunderbar, wenn diese Kraft, die uns scheinbar immer behindert hat, plötzlich für uns arbeiten würde?

Wie können wir diese Kräfte dazu bringen, für uns zu arbeiten?
Es ist ganz leicht, dies zu erreichen, da sie ja ihrer Natur nach schon immer für uns gearbeitet haben. Wir müssen ihnen nur die richtige Richtung weisen. Wir

müssen ihnen sagen, dass der Krieg aus ist und ihren alten Auftrag revidieren und gegen einen neuen ersetzen. Was wir als Kinder völlig unbewusst getan haben, tun wir jetzt als Erwachsene bei vollem Bewusstsein.

Übung: Integriere Deine Gefühle

1. Setze oder lege dich gemütlich hin.
2. Entspanne dich und schließ die Augen.
3. Lasse das jeweilige Gefühl von Neid, Hass, Wut oder was auch immer dich gerade quält, voll zu.
4. Fühle es als Energie in deinem Körper.
5. Spüre genau hin, wo es sich in dir aufhält. Ist es im Magen? Ist es ein Kloß im Hals? Wo drückt dich dieses Gefühl körperlich?
6. Nun erschaffe für das jeweilige Gefühl eine Gestalt. Sieh diese Gestalt vor deinem inneren Auge. (Es geht hier nicht darum, die richtige Gestalt zu finden, da es diese sowieso nicht gibt. Erfinde einfach eine Gestalt für das Gefühl, die dir als passend erscheint.)
7. Vielleicht möchtest du den Neid als Hofnarren sehen oder die Angst als schwarzen Mann? Wenn es ein gewaltiges Gefühl ist, passt dir vielleicht die Gestalt eines Drachen besser. Oder es will dir als in Lumpen gehüllter Bettler erscheinen. Suche dir einfach eine passende Gestalt aus für das jeweilige Gefühl, welches du transformieren möchtest.
8. Nun sprich zu der Gestalt. Frage sie, welchen Auftrag sie einst von dir erhalten hat. Wovor will sie dich beschützen?

9. Erkläre dem jeweiligen Ego dann, dass der Krieg aus ist und dass du den alten Auftrag widerrufst.
10. Sage ihm, dass du weißt, was es in Wirklichkeit ist, nämlich Liebe.
11. Es ist sehr wichtig, das zu sagen, da ohne das Bewusstsein von Liebe keine Integration stattfinden kann.
12. Erkläre dem Ego also, dass du es als Liebe erkennst.
13. Sage ihm, dass du zwar den alten Auftrag widerrufst, dass du aber auf seine Kraft, seine Liebe und Loyalität keinesfalls verzichten möchtest.
14. Biete dem Ego dann einen neuen Auftrag an, der möglichst das Gegenteil von dem alten darstellt. Sage also zum Beispiel der Angst, sie soll dir von nun an als Mut dienen. Mache Eifersucht zu Wohlwollen, Hass zu Liebe, Gier zu Freigebigkeit.
15. Das Ego will dir dienen. Das ist seine alleinige Funktion. Nur so kann dein Ego seiner Liebe zu dir Ausdruck verleihen. Du tust ihm einen großen Gefallen, wenn du ihm einen neuen Auftrag gibst. Es hat immer für dich gearbeitet und will dies auch weiterhin tun.
16. Biete ihm also die neue Aufgabe an.
17. Dann lasse es vor dir niederknien und für einen Moment seinen Kopf in deinen Schoß legen. Lasse es für einen Moment bei dir ruhen.
18. Streichele ihm über den Kopf, gib ihm Liebe und Anerkennung für seine jahrelange Arbeit.
19. Dies ist der Moment, in dem die Neuprogrammierung des Egos stattfindet. Es braucht nur einige kurze Augenblicke zu dauern.

20. Dann fordere das Ego liebevoll auf, dich zu umarmen und lasse es dabei in dein Herz hineinfließen.
21. Du wirst einen Kraftschub fühlen. Das ist deine Kraft, die jahrelang scheinbar gegen dich gerichtet war und nun zu dir zurückkehrt.

Mache diese Übung immer dann, wenn du ein Gefühlsego tatsächlich in dir fühlst. Wenn kein Empfinden die Übung begleitet, ist sie sinnlos.

Jedes Ego, das du auf diese Weise reintegriert hast, ist von da an kein Problem mehr.

Bei schweren Traumata kann es sein, dass du dies mehrfach tun musst, weil das Gefühlsego aus vielen verschiedenen Aspekten besteht. Dann nimmst du jeden dieser Aspekte einzeln in dich auf. Es handelt sich aber nicht um eine unendliche Aufgabe. Kein Mensch hat eine unendliche Anzahl von Traumata. Es kann vielleicht sein, dass du zwei oder drei Jahre lang immer wieder auf neue Egos in dir triffst, die du alle integrieren kannst. Das bedeutet jedoch nicht, dass du nun drei Jahre warten musst, um endlich ein glücksfähiger Mensch zu werden. Schon nach dem allerersten integrierten Ego verändert sich dein Leben ein wenig, denn mit jedem Ego kehrt ein Stückchen deiner Selbstliebe wieder zu dir zurück. Ego ist ja nichts anderes als Liebe. Es wird also auch deine Fähigkeit zu lieben mit jedem Mal stärker. In jedem Ego steckt ein Teil deiner Kraft, die zu dir zurückkehren will. Zug um Zug treten daher in deinem Leben Veränderungen ein. Menschen, die dich immer nur ausgenutzt haben, verschwinden aus deinem Leben. Probleme lösen sich auf. Ängste verwandeln sich in Mut. Hindernisse werden überwindbar. Unklarheit verwandelt sich in Klarheit. In scheinbar ausweglosen Situationen offenbaren sich plötzlich neue Möglichkeiten. Auch wenn es vielleicht einige Jahre dauert, die Mühe lohnt sich gewiss.

Und mit jedem integrierten Ego kommst du deiner Wahrheit näher, fließt dir mehr Kraft zu, wirst du liebesfähiger und wächst deine Fähigkeit, ein glücklicher, zufriedenerer Mensch zu sein.

Deine Kim

Der dritte Schlüssel

Gehe in den Augenblick – Werde Profigenießer

Anstatt also im Bewusstsein dessen zu bleiben, was wir haben, richten wir uns auf etwas, das wir entbehren. Wir sind daher wieder im Bewusstsein des Bedarfes und nicht im Genießen des Vorhandenen.

Liebe Steffi,

mit dem dritten Schlüssel, welchen ich dir in diesem Brief geben werde, bewegen wir uns allmählich auf das wahre Menschsein zu. Denn ein von Grübelmechanismen und Leid zerfressenes Wesen hat noch gar nicht die Möglichkeit, Wahrheit zu leben und ein wahrhaftiger Mensch zu sein. Aber mit den ersten beiden Schlüsseln haben wir einen guten Anfang gemacht, in unsere Wahrheit zu gehen und Wesentliches zu verändern.

Worin besteht nun der dritte Schlüssel zur Wahrheit?

Im Genießen, liebe Steffi, im Genießen.

Sicherlich ist es dir auch schon manchmal aufgefallen, dass die meisten Menschen dazu überhaupt nicht fähig sind. Ganz gleich, wie viel Gutes ihnen widerfährt, sie sind und bleiben unzufrieden und streben immer nach mehr.

Um das Genießen zu erlernen, müssen wir uns zunächst einmal darüber klar werden, dass das Erleben guter Gefühle eigentlich unser Daseinszweck ist. Genau genommen tun wir alles nur dafür.

Wenn ein junger Mann glaubt, er brauche unbedingt einen Ferrari, dann will er dieses wundervolle Auto doch nur haben, um sich damit gut zu fühlen.

Wenn eine Frau glaubt, sie bräuchte einen Ehemann, dann doch nur, weil sie meint, sich dann gut zu fühlen. Ob wir ein Studium absolvieren, einen Beruf erlernen, ein Geschäft aufmachen, ein Haus kaufen, Kinder bekommen, uns zum Vereinsvorstand wählen lassen, Tennisprofi werden, Autorennen gewinnen, eine Karriere als Model oder Schauspieler anstreben, egal, was auch immer wir vorhaben, wir tun dies eigentlich, um uns gut zu fühlen.

Zum Teil ist das auch sehr notwendig. Wir würden uns zum Beispiel nicht sehr gut fühlen, wenn wir hungern müssten. Daher ist das Erlernen eines Berufes, der uns und unsere Familie ernährt, schon ein guter Plan.

Wer satt zu essen hat, fühlt sich garantiert besser als der Hungernde.

Dieselbe Motivation veranlasst uns zu allem anderen auch. Wenn ein junges Mädchen eine Modelkarriere anstrebt, dann doch nur, weil sie meint, sich in diesem

Beruf besser zu fühlen als in einem anderen. Der Rennfahrer versucht Rennen zu gewinnen, um sich dadurch gut zu fühlen. Der Geschäftsmann fühlt sich gut, wenn er große Gewinne einstreichen kann. Der Tennisprofi liebt den Rausch des Sieges, weil er sich dann gut fühlt.

Wir tun alles, was wir tun, um des guten Gefühls willen. Allerdings neigen wir dabei dazu, vor lauter Geschäftigkeit das gute Fühlen völlig zu vergessen.

Der junge Mann hat vielleicht eines Tages wirklich seinen Ferrari, aber er fühlt sich gar nicht gut darin, weil ihn inzwischen ganz andere Sorgen quälen. Der reiche Geschäftsmann fühlt sich trotz guter Einnahmen schlecht, weil ihm seine Geschäfte auch viele Probleme und Sorgen einbringen. Die frischgebackene Mutter fühlt sich schlecht, weil das Baby ihr viel Arbeit und Stress verursacht.

Wir haben zwar alles um des guten Gefühls willen getan, aber das Genießen unterwegs vergessen. Dabei ist es so leicht. Tatsächlich haben wir die Möglichkeit, uns in fast jedem Augenblick unseres Lebens einfach wohlzufühlen.

Der Schlüssel dazu ist der Augenblick.

Betrachte einmal den Augenblick, in dem du dich jetzt gerade befindest. Was tust du? Sitzt du gemütlich in deinem Sessel, während du dies hier liest? Hast du vielleicht eine Tasse Kaffee neben dir oder ein Glas Wein? Sitzt du nicht in einer schönen, warmen, gemütlichen Wohnung, die du selbst ganz nach deinem eigenen Geschmack eingerichtet hast?

Wenn du es einmal genau betrachtest, befindest du dich in einem wunderbaren Augenblick.

Tatsächlich ist das ganze Leben fast nur eine Aneinanderreihung von solchen wunderbaren Augenblicken. Wir bewegen uns von Augenblick zu Augenblick und können jeden einzelnen davon genießen.

Wenn du es einmal versuchst, wirst du feststellen, dass tatsächlich jeder Augenblick etwas Genießbares enthält. Selbst wenn du krank im Bett liegst, dann befindest du dich aber immer noch auf einer weichen, warmen Unterlage, kuschelig zugedeckt, in einem warmen Zimmer, vielleicht kannst du den Himmel durch dein Fenster sehen. Du brauchst nicht zu arbeiten, sondern darfst ruhen und dich entspannen. Trotz der Krankheit bleibt noch genügend zum Genießen übrig.

So ist es tatsächlich immer. Alle Augenblicke haben etwas in sich, das wir genießen können.

Was hindert uns denn am Genießen?
Wir haben uns einen ganz dummen Mechanismus angewöhnt: Wir schauen immer nur auf das, was wir nicht haben. Wir sitzen zum Beispiel mit netten Freunden in unserem Wohnzimmer, trinken ein schönes Glas Wein, entspannen uns und haben es einfach gut. Nun taucht in unserem Kopf so ein dummer kleiner Redner auf und weist uns auf etwas hin, was wir gerade nicht haben. Vielleicht haben wir in diesem Augenblick keine Schokolade.

Anstatt also im Bewusstsein dessen zu bleiben, was wir haben, richten wir uns auf etwas, das wir entbehren.

Wir sind daher wieder im Bewusstsein des Bedarfes und nicht im Genießen des Vorhandenen.

Das klappt immer.

Wir schaffen es immer, etwas zu finden, was uns gerade fehlt. Egal, wie glücklich wir auch sein mögen, wir finden trotzdem ein Bedürfnis. Und dann richten wir unsere Aufmerksamkeit auf das Nicht-Haben, anstatt auf das Haben. So kommt es, dass der Reiche immer noch reicher werden will. Ihm fällt immer noch etwas ein, was er nicht hat. So machen wir es alle die ganze Zeit. Ständig sind wir in unserem Kopf mit etwas beschäftigt, was der jeweilige Augenblick nicht enthält.

Wir sind entweder in der Vergangenheit oder in der Zukunft. Wir trauern über etwas Verlorenes oder fürchten uns vor etwas Kommendem. Vergangenheit und Zukunft – beide existieren aber nicht. Das Einzige, was existiert, ist der Augenblick.

Warum müssen wir denn, wo wir es doch gerade so gemütlich haben, an etwas Unerfreuliches denken, das uns gestern geschehen ist? Das war doch gestern. Heute ist es tot. Und wir müssen auch nicht voller Angst über ein mögliches Morgen nachdenken. In diesem Augenblick existiert das Morgen noch gar nicht. Warum also darüber nachgrübeln.

Stell dir einmal vor, es würden vor dir zwei Fernseher laufen. In dem einen läuft ein schöner Film und im anderen ein Horrorszenario.

Begreife, dass es einzig und allein einer Entscheidung bedarf, wo du hinschauen willst. Niemand kann dich zwingen, gegen deinen Willen dein Bewusstsein auf etwas zu richten.

Wir haben es in der Hand, wo wir hinschauen.

Entschließe dich ganz einfach eine professionelle Genießerin oder ein professioneller Genießer zu werden. Richte in jedem Augenblick deine ganze Aufmerksamkeit auf das, was der Moment an genießbaren Elementen enthält, und ignoriere die anderen Elemente. Denke auch nicht über etwas nach, was dir fehlt.

Richte dich auf das, was ist – nicht auf das, was nicht ist!

Genieße den blauen Himmel, die grünen Farben der Pflanzen im Garten, den Anblick spielender Kinder, die Anwesenheit eines Freundes. Die Kraft und Schönheit deines eigenen Körpers, den Geschmack des Essens, die Ruhe, den Frieden, das Vogelzwitschern, die Musik, die Menschen, den Film, den du gerade siehst.

Und wenn du an deinem Arbeitsplatz bist, genieße die Arbeit. Was ist schlimm an Arbeit? Gar nichts. Erledige all deine Arbeit mir Liebe und Hingabe und genieße sie. Sehr schnell wirst du feststellen, dass es keine guten und schlechten Arbeiten gibt. Es gibt in Wirklichkeit nur dich im Erleben deiner selbst. Du erlebst dich kreativ oder du erlebst dich, wie dein Körper arbeitet. Du erlebst dich, wie du tippst, wie du am Fließband stehst, wie du sprichst und telefonierst, wie deine Hände sich bewegen und Notizen machen. Du erlebst deinen Geist, wie er sich richtet und aufnimmt, wie er rekapituliert und produziert. Du erlebst dich im Umgang mit Dingen oder Menschen. Du erlebst sowieso immer nur dich bei all dem, was du erlebst. Dich fühlend, dich handelnd, dich sprechend, dich zuhörend, dich denkend, dich ruhend, dich eilend, dich sich waschend, sich schminkend, sich ankleidend, dich schlafend, dich malend, dich organisierend, dich kochend, dich aufpassend, dich liebend, dich gebend, dich nehmend, immer wieder dich.

Genieße es.

Das ist dein Leben. Ein anderes Leben gibt es nicht. Du hast es bekommen, um dich selbst darin zu genießen.

Dieser Schlüssel reicht viel weiter, als es zuerst den Anschein hat.

Du wirst dadurch auch beziehungsfähiger. Bedenke einmal, wie viel Leid sich die Menschen selbst verursachen, indem sie über andere Menschen nachdenken, die abwesend sind.

Wenn er, der Geliebte, mal nicht da ist, hast du auch keinen Grund, ständig über ihn zu grübeln und dich nach ihm zu sehnen. Diese Art von Sehnsucht ist nichts anderes als das Bewusstsein von Bedarf. Und dieses Bewusstsein macht ihn unfrei. Genieße in seiner Abwesenheit lieber das jeweils Vorhandene. Wenn er wieder da ist, kannst du dich wieder um ihn kümmern.

Solltest du feststellen, dass dir das nicht gelingen will, so hindert dich entweder das Gedankenego oder das Gefühlsego daran. Dann benutze die ersten beiden Schlüssel.

Entschärfe das Gedankenego durch aufmerksame Beobachtung und integriere die Sehnsucht, Eifersucht oder was auch immer dich am Genießen hindert.

Viele Beziehungen leiden darunter, dass die Partner sich nicht gegenseitig frei lassen können. Anstatt sich gegenseitig zu genießen, versuchen sie einander in Rollen zu zwängen. Anstatt frei um sich selber zu kreisen, kreisen sie um den anderen und engen so seine Bewegungsfreiheit ein. Der Partner soll immer ein anderer sein, als er gerade ist. Er bringt ihr Nelken, sie mault, weil es keine Rosen sind. Sie lädt seine Freunde zu seinem Geburtstag ein, er ist unzufrieden, weil sie ihm keine Torte gebacken hat. Er lässt sie in die Oper gehen, sie meckert, weil er nicht mitkommen will. Er geht zum Kegeln, sie meckert, weil er sie nicht mitgenommen hat und so weiter und so weiter.

Solange wir mit unserem Bewusstsein immer im Bedarf herumkreisen, machen wir nicht nur uns, sondern auch den anderen das Leben schwer. Wir übertragen unsere Unzufriedenheit auf sie und schieben ihnen auch noch die Verantwortung dafür zu.

Solche Beziehungen profitieren ganz außerordentlich, wenn sich beide Partner entschließen, von nun an das Leben ganz einfach zu genießen und nicht mehr über das zu schimpfen, was gerade fehlt.

Es handelt sich um eine schlechte Angewohnheit, immer über nicht Vorhandenes nachzudenken oder ihm hinterher zu trauern. Du kannst dich umprogrammieren. Es ist ganz einfach und dauert höchstens einen Monat.

Übung: Entschließe dich, Profigenießer zu werden

Suche dir einen Stein, der sich gut als Anhänger eignet, und erkläre diesen Stein zu deinem Genießerstein. Hänge ihn dir an einem längeren Band um und trage ihn.

Wann immer deine Hand im Laufe des Tages den Stein berührt, erinnert er dich an das Genießen.

Dann schau dich um und mache dir bewusst, welche Elemente dieser jeweilige Augenblick enthält, die du genießen kannst. Und richte dich bewusst auf den Genuss dieser Elemente.

Wenn dir auffällt, dass du wieder einmal über nicht Vorhandenes grübelst, lache über dich selbst. Berühre deinen Genießerstein und erinnere dich an das Genießen.

Übe dich im Genießen des Augenblicks, so oft es dir in den Sinn kommt. Mache es zu deiner Profession.

Wenn es dir gelingt, diese Profession zur Vollendung zu treiben, dann kannst du sogar in der Todeszelle noch genießen. Du weißt zwar, morgen wirst du sterben, aber morgen ist noch nicht geboren, warum also darüber nachdenken. Du genießt einfach die Ruhe. Endlich wirst du einmal von niemandem gestört.

Das ist die Haltung des Weisen.

Deine Kim

PS:
Kürzlich sprach ich mit einer Seminarteilnehmerin über dieses Thema. Sie fand den Gedanken, das Leben einfach zu genießen, fragwürdig und hielt mir vor, dass es doch kranke Menschen gäbe, die voller Schmerzen in ihren Betten liegen. „Soll ich diesen Menschen auch sagen: Genieße!?" fragte sie mich.

Ich entgegnete ihr: „Was willst du ihnen denn sonst sagen? – Leide!?"

Ist es nicht verblüffend und zugleich traurig, dass die Menschen mir gerade dann widersprechen, wenn ich ihnen von der Schönheit des Lebens erzähle? Ist das nicht unglaublich schade?

Genau an dieser Stelle legen sich so viele Menschen quer. Sie haben das Gefühl, es sei unrecht, glücklich zu sein, wenn es doch immer noch so viel Leid auf der Welt gibt. In dieser Denkweise offenbart sich Liebe, eine große, bewunderungswürdige, aber dennoch missverstandene Liebe.

Buddha soll gesagt haben, er wolle nicht eher erleuchtet sein, bis nicht alle Wesen auf dieser Welt zur Erleuchtung gelangt sind.

Wenn wir das Gefühl haben, es sei unrecht, Glück zu empfinden in einer Welt, in der so viele leiden, so ist das genau die gleiche Haltung. Es ist ein kleines Stückchen vom Bewusstsein des Buddha. Es ist kostbar.

Machen wir doch Gebrauch von dieser Liebe und diesem Buddha-Bewusstsein.

Wenn ich mich vorsätzlich elend fühle, weil ein mir befreundeter Mensch krank ist, dann verdopple ich dadurch das Leid. Vorher war es nur er, dem es schlecht ging, nun geht es mir ebenfalls schlecht. Was soll denn das für ein Gewinn für die Menschheit sein?

Anstatt Leid zu duplizieren, sollen wir lieber Freude verdoppeln. Vermehren wir das Glück auf dieser Welt, ziehen wir doch alle Menschen in unsere Freude hinauf.

Das nenne ich von der Liebe Gebrauch machen.

Und übrigens – Buddha ist auch trotzdem erleuchtet worden.

Der vierte Schlüssel

Darshan – Erblicke im anderen die Wahrheit

Wann immer du in das Gesicht einen Menschen blickst, schaust du in eines der Gesichter Gottes.

Liebe Steffi,

jetzt hast du die drei ersten Schlüssel bekommen. Jeder öffnet dir eine Tür in deine eigene Kraft und Wahrheit und ermöglicht es dir, anderen ein Glücksbringer zu werden. Du machst dein Gedankenego unschädlich, indem du es beobachtest, integrierst deine Gefühle und genießt den Augenblick.

Wir können aber noch sehr viel mehr tun, denn bisher waren wir nur mit uns selbst beschäftigt. Wir sind aber keine isolierten Lebewesen, sondern bilden Gemeinschaften, Gruppen und Familien. Wir können keine nennenswerte Kraft entfalten, wenn wir diejenigen, die uns umgeben, völlig außer Acht lassen. Sie bilden mit uns soziale Geflechte. Sie können uns glücklich oder unglücklich machen, uns ängstigen oder erfreuen.

Du kannst nicht in einer Wohnung mit jemandem leben, der leidet, ohne selbst davon betroffen zu werden. Die eifersüchtige Kollegin oder der cholerische Chef können deine Lebensqualität gewaltig herabsetzen. Wenn wir wirklich Kraft leben und auch behalten wollen, müssen wir unsere Bemühungen auch auf die anderen ausdehnen, die uns ständig umgeben.

Damit meine ich jedoch nicht, dass wir etwa herumlaufen und die anderen missionieren sollen. Wir sollen auch nicht versuchen, ihre Probleme für sie zu lösen, besonders dann nicht, wenn sie uns gar nicht darum gebeten haben. Es reicht aus, wenn wir unsere Einstellung zu den anderen gründlich auf den Kopf stellen.

Ich schrieb ja bereits in den vorherigen Briefen, dass wir Menschen uns vor der Kraft der anderen fürchten. Wir haben Macht fast immer nur als Machtmissbrauch kennengelernt und unser inneres Kind hat diese Lektionen nicht vergessen. Wo immer ein Mensch Kraft offenbart, begegnet ihm Abwehr. Davon sind auch wir nicht ausgenommen. Auch wir haben oft unbewusst andere bekämpft, zumindest verbal.

Jetzt müssen wir lernen, ihre Kraft zu lieben.
Es war nie die Kraft oder die Wahrheit der anderen, welche uns Leid bereitete, sondern immer ihr Ego. Wenn unsere Eltern und Lehrer ihre Macht über uns missbrauchten, entsprang dieses Verhalten aus einer Verletzungsstruktur, die sie ihrerseits schon aus der Kindheit mitbrachten.

Leid kommt immer von Leid.

Ich will hier keineswegs dafür plädieren, die Kindheit der jeweiligen Täter zu analysieren und zu betrachten, was ihnen denn widerfahren ist. Ich halte dies im Gegenteil für einen Fehler. Die Kindheit eines erwachsenen Menschen ist beendet und somit tot. Warum also darin herumstöbern? Es genügt vollkommen, sich vor Augen zu halten, dass der Verursacher von Leid, selbst Leid erfahren hat. Unnötig herauszufinden welches.

Aus leidvollen Erlebnissen entstehen die unterschiedlichsten Egokonstellationen, die dann scheinbar die Persönlichkeitsstruktur eines Menschen ausmachen. Wir entwickeln Aggressionen, Ängste, Verhaltensmuster und destruktive Mechanismen, die wir gegen uns und andere richten.

Du bist nun bereit, aus diesem Spiel auszusteigen, aber die anderen spielen weiter.

Wenn du willst, dass sie aufhören, dich in ihre Intrigen, ihre Probleme, ihre Machtspielchen und Gedankenwelten zu verwickeln, lerne ihre Wahrheit zu sehen und sie mit großer Konsequenz anzustarren.

Jeder Mensch ist ein Tropfen in dem Meer Gott, jeder Mensch hat Anteil an der Wahrheit. Auch wenn die Egoschicht sehr dick sein sollte, dahinter steckt doch eine göttliche Seele. Und diese Seele ist auf dich angewiesen, wartet darauf, dass du sie erblickst.

Und wenn ich hier das Wort erblicken verwende, dann meine ich das ganz wörtlich, lerne, die Wahrheit in anderen mit deinen Augen und deinem Herzen zu sehen.

Solange niemand die heilige Frau oder den heiligen Mann in dir wahrnimmt, schläft diese Wahrheit in dir. Aber wenn auch nur ein Mensch dich anblickt und in dir eine heilige Frau sieht, erwacht etwas in dir, räkelt sich, schlägt die Augen auf und beginnt ganz langsam und allmählich, seine Kraft zu entfalten. Der Prozess, der damit beginnt, kann sich sehr lange hinziehen. Einige Menschen brauchen immer noch viele Leben von diesem Moment an. Andere schaffen es innerhalb weniger Jahre. Aber selbst wenn es viele Leben dauert, ist das immer noch besser, als wenn überhaupt nichts geschieht.

Der vierte Schlüssel

Ich habe mir dafür ein Wort von den Indern geborgt, da wir nichts Vergleichbares in unserer Sprache besitzen:

Darshan

Es bedeutet so viel wie *„der Anblick des Meisters"*. Für uns soll es heißen: ***Der Anblick der Wahrheit***.

Gemeint ist damit die Wahrheit im anderen. Wir müssen endlich lernen, die Wahrheit und Kraft unserer Mitmenschen nicht mehr zu bekämpfen, sondern zu lieben. Wenn alle Menschen fähig wären, ihre Wahrheit zu leben, wenn wir uns als freie kraftvolle Seelen begegnen könnten und nicht als Konglomerate aus Ängsten, Aggressionen, Meinungen, Urteilen und Verhaltensmustern, eben als Seelen und nicht als Egos, dann würde es den allergrößten Teil des Leids auf dieser Welt nicht mehr geben. Und in der Tat werden wir diese Welt verändern durch den Darshan.

Wenn du gelernt hast, anderen den Darshan zu geben, wenn es dir gelingt, in anderen die Wahrheit zu erblicken und sie durch deine Aufmerksamkeit zu stärken, beginnen sich die anderen ganz allmählich zu verändern. Du erzeugst positive Veränderungen in deiner unmittelbaren Umgebung. Das ist erst mal nicht viel. Es scheint nur ein Tropfen auf einem heißen Stein zu sein, aber du wirst nicht die Einzige bleiben.

Viele Menschen beginnen jetzt, sich gegenseitig den Darshan zu geben. Dies ist etwas, was wirklich jeder lernen kann. Es bedarf nur einer geringfügigen Übung und schon sehr schnell merkst du, wie sich deine Sichtweise verändert. Du gewöhnst dich daran, im anderen nur noch die Schönheit, Kraft und Wahrheit zu sehen und auf nichts anderes mehr zu reagieren. Wenn dich dann jemand in irgendwelche dummen Intrigen verwickeln will, gehst du einfach nicht mehr darauf ein, redest nicht mehr zusammen mit anderen schlecht über die Kollegen, bestehst nicht mehr auf deinem Rechthaben gegenüber Freunden, hörst dir keine Nörgeleien mehr an. Du reagierst einfach nicht mehr auf diese Dinge.

Menschen, die ständig zickig, nörgelig oder womöglich aggressiv sind, verschmutzen ihre soziale Umwelt. Wenn du auf solche Verhaltensmuster ebenfalls mit Ärger reagierst und zurückschimpfst, bist du ganz offensichtlich infiziert. Schlechte Laune ist wie eine Virusinfektion, man kann sich anstecken. Das klappt allerdings nur dann, wenn man eine Bereitschaft mitbringt, darauf auch einzugehen. Wenn du statt auf die anderen auf dich selbst reagierst, kann dir keine solche Infektion mehr zustoßen. Lache über die ewigen Versuche der Menschen, sich gegenseitig herunterzuziehen, zeige ihnen, dass es auch anders geht und gib ihnen permanent den Darshan. Das darfst du auch dann tun, wenn du nicht darum gebeten worden bist. Ein wichtiger Punkt!

Es handelt sich bei dem Darshan nicht um Magie oder sonstige Beeinflussung. Du hast das Recht, mit deinem Blick zu machen, was du willst. Du kannst hinschauen, wohin du magst. Niemand hat ein Recht darauf, dir vorzuschreiben, dass du seine Maske, seine üble Laune, seine Wut oder seine Hässlichkeit anschauen musst. Wenn du tiefer blickst und seine Seele sehen kannst, dann ist das dein Recht.

Wer nicht will, dass seine Wahrheit geschaut wird, muss eben woanders hingehen.

Aber nun zu der wichtigen Frage:

Wie erblicken wir die Wahrheit in unseren Mitmenschen?

Der Darshan

1. Übung

Beginne damit, andere Menschen wirklich zu betrachten. Suche dabei nach der Schönheit. Jeder Mensch ist schön, sobald wir gelernt haben, unseren Blick aus der Zwangsjacke modischer Vorstellungen zu befreien. Vergiss, was du über Mode gelernt hast, blicke neu und unvoreingenommen die Menschen an und interessiere dich dabei einzig und allein für Schönheit.

Mache dies so lange, bis du gelernt hast, in jedem Menschen Schönheit zu erkennen.

Gelingt dir das, kannst du fortfahren mit der Übung Nummer zwei.

2. Übung

Schönheit öffnet unser Herz. Das ist die Funktion von Schönheit in dieser Welt.

Blicke nun Menschen an, entdecke ihre Schönheit und lasse zu, dass sich dadurch dein Herz für diese Menschen öffnet. Du wirst feststellen, dass du Gefühle von Zuneigung oder sogar Liebe für vollkommen fremde Menschen entwickelst, die dir vielleicht zufällig in der U-Bahn gegenüber sitzen.

Übe dich darin. Der Weg ist ganz einfach. Der Anblick von Schönheit öffnet unser Herz.

Ist dir dies gelungen, kannst du fortfahren mit der Übung Nummer drei.

3. Übung

Erblicke die Schönheit in anderen. Erfreue dich an diesem Anblick, lasse zu, dass dieser Anblick von Schönheit dein Herz öffnet, lasse die Gefühle von Zuneigung zu, die in dir aufsteigen wollen.

Wenn du nun in der Zuneigung oder sogar Liebe für einen anderen Menschen bist, gehe einen Schritt weiter.

Durchdringe die Fassaden und Masken, die dieser Mensch aufgebaut hat. Nimm die Liebe als Führung und lasse dich durch die Masken hindurchführen. Du wirst all die Fassaden erkennen, mit denen dieser Mensch versucht, sich zu schützen.

Damit meine ich natürlich nicht nur die Schminke, sondern auch die jeweiligen Egos, die Rollen, die dieser Mensch vor anderen spielt, die Rollen die dieser Mensch vor sich selber spielt. Nimm sie zur Kenntnis, ohne sie zu bewerten.

Menschen spielen Rollen, na und? Betrachte das aufgesetzte Selbstbewusstsein, die mühsam verborgenen Ängste, den zur Schau gestellten Missmut, die Maske der Schüchternheit und die Maske der Arroganz. Nimm sie alle zur Kenntnis, aber bleib dabei nicht stehen. Blicke tiefer. Schau hinter den Vorhang.

Versuche zu fühlen, was da für ein Mensch dir gegenübersitzt oder -steht. Versuche zu fühlen, wer dieser Mensch jenseits seiner Maske wirklich ist.

Frage dein Herz:

- Was mögen es für Dinge sein, die diesen Menschen in seinem Leben unglücklich machen?
- Was für Erlebnisse machen ihn glücklich?
- Wo ist dieser Mensch schwach?
- Wo ist er stark?

Sieh diesen Menschen wirklich. Erblicke im anderen ein menschliches Schicksal, mit seinen Freuden und seinem Kummer.

Du wirst staunen, wie viel du mit Hilfe deiner Intuition wahrnehmen und erkennen kannst, wenn du dich einzig und allein von dem Gefühl der Zuneigung tragen lässt.

Liebe öffnet die Türen. Wenn dir dies gelungen ist, kannst du weitermachen mit der Übung Nummer vier.

4. Übung

Mache alles, wie in Übung 3, aber gehe dann noch einen Schritt weiter.

Jeder Mensch ist ein bewusster, gewollter und absichtsvoller Ausdruck Gottes. Fühle, lasse dich vom Herzen leiten. Ergründe, was für ein Ausdruck der großen Kraft der Mensch wohl ist, der dir gegenübersitzt.

Was wollte die Kraft in diesem Menschen erleben?

Darauf kann dir dein Verstand niemals die Antwort geben. Das musst du deine Intuition fragen.

5. Übung

Gehe noch einen Schritt weiter als in der Übung 4.

Begreife mit deinem Herzen Folgendes:
Jeder Mensch ist ein Tropfen in dem Meer Gott. Wann immer du in das Gesicht eines Menschen blickst, schaust du in eines der Gesichter Gottes.

Auch jetzt tust du nichts anderes, als Gott anzuschauen.

Wann immer du einem Menschen die Hand reichst, reicht dir Gott die Hand. Wann immer du einem Menschen eine Frage stellst, stellst du diese Frage Gott. Wann immer dich ein Mensch umarmt, ist es Gott, der dich umarmt. Begreife diese Wahrheit in deinem Herzen und fühle, wie das deine Einstellung zu dem Menschen dir gegenüber vollkommen verändert.

Jetzt blickst du Gott an.

Nun, da du gelernt hast, Gott in den Menschen zu erblicken, fehlt nur noch eines.

Du musst dem, was du gesehen hast, Kraft geben.

Die Menschen haben das Göttliche in ihrem Innern meistens selber noch nicht wahrgenommen. Das, was du siehst, ist ihnen überhaupt nicht bewusst und wird daher auch nicht gelebt. Du kannst der Wahrheit in ihrem Innern Kraft geben durch deine Aufmerksamkeit.

Alles in dieser Welt ernährt sich von Aufmerksamkeit. Wenn du also etwas anschaust, dich ihm zuwendest, gibst du ihm dadurch Kraft. Die Wahrheit im anderen fühlt deinen Blick. Du fütterst das, was du siehst. Es wird also Zeit, dass wir Menschen auch die Verantwortung dafür übernehmen, was wir mithilfe unserer Aufmerksamkeit gefüttert und großgezogen haben.

Was meinst du, was wohl passiert, wenn zum Beispiel eine Mutter ihrem Sohn täglich vorwirft, er sei ein Versager? Immer wieder blickt sie auf seine Schwäche, seine Unfähigkeit. Sie gibt dem in ihm ihre ganze Aufmerksamkeit. Sie züchtet einen Versager.

Dieser Gedanke ist sicherlich nicht neu. Andere haben Ähnliches schon vor mir gesagt. Ich möchte jedoch noch einmal deutlich machen, worin unsere Verantwortung in dem großen Spiel namens Leben besteht:

Wir ernähren das, worauf wir blicken, füttern es mit unserer Kraft und es wächst vor unseren Augen. Wir tragen Verantwortung dafür, ob wir es nun wollen oder nicht. Nur gar zu gern schenken wir Menschen all unsere Aufmerksamkeit dem Negativen in anderen und auf der Welt. Die Zeitungen sind voll von Berichten über schreckliche Dinge, die auf der Welt geschehen sind. Und wir haben nichts Besseres zu tun, als unsere Aufmerksamkeit auch noch darauf zu richten.

Wir können diese Welt verändern, wenngleich es auch eine Weile dauern wird. Ein lang erprobtes System lässt sich nicht in so kurzer Zeit auflösen. Aber wir können trotzdem heute schon damit beginnen, der Negativität unsere Aufmerksamkeit zu entziehen. Fang an in deiner unmittelbaren Umgebung, in deiner Beziehung und auf deinem Arbeitsplatz.

Entziehe dem Negativen deine Aufmerksamkeit.

Richte sie auf die Wahrheit, auf das Göttliche in den Menschen und tu dies mit Beharrlichkeit. Lasse deinen Blick sehr tief in den anderen hineindringen. Interessiere dich nicht für seine Probleme oder sein Ego, interessiere dich einzig für das Wahrhaftige dahinter, hinter all den Meinungen, Gewohnheiten und Gefühlen. Füttere dies mit deiner Aufmerksamkeit. Gib deine Kraft nicht länger den Egos der anderen Menschen, sondern nur noch dem Göttlichen in ihnen.

Das alles kannst du mit deinem Blick tun und dies verdient den Namen Darshan. Es ist ein wirklicher Darshan, ein Anblick des Göttlichen in den anderen.

Mit der Zeit wird dir das so zur Gewohnheit, dass du gar nichts anderes mehr siehst und auch nicht mehr sehen willst. Wenn dann jemand versucht, dich in einen dummen Streit zu verwickeln, schenkst du diesem Menschen nur noch ein Lachen.

Das macht dich sehr frei. Du wirst eine ganz außerordentliche Freiheit kennenlernen, die erst dann beginnt, wenn du gelernt hast, den Fangnetzen der Egos anderer zu entkommen.

Gleichzeitig gehst du mehr in die Liebe als zuvor. Denn ich plädiere hier nicht dafür, Menschen zu verachten und ihre Probleme zu ignorieren. Ich schlage nur vor, die Probleme mit mehr Liebe aus den Angeln zu heben.

Du stärkst das Wahrhaftige, das Kraftvolle, die Liebe in ihnen. Ihr Leben kann sich dadurch verändern.

Deine Kim

Der fünfte Schlüssel

Der Altar – unser rotes Telefon zur Wahrheit

Wenn du dich auf diese Weise an eine höhere Kraft um Weisung und Rat wendest, kommen Antworten zu dir. Es ist dein Anschluss an eine höhere Weisheit.

Liebe Steffi,

nun, da du dein Gedankenego in Schach hältst, dein Gefühlsego in dein Herz zurückführst, professionell das Leben genießt und in den Menschen, die dich umgeben, die Wahrheit erblickst, wirst du feststellen, dass dir trotzdem noch etwas Wichtiges fehlt.

Immer noch hast du Fragen. Fragen wie:

- Was soll ich tun?
- Was ist meine spirituelle Aufgabe im Leben?
- Welche Qualitäten sind mir eigen?
- Wie soll ich mit Streit umgehen?

Solche und andere Fragen sind noch immer unbeantwortet. Du brauchst eine spirituelle Führung, jemanden, der dir hilft, nicht immer auf alles hereinzufallen, nicht immer die gleichen Fehler zu wiederholen. Jemand, der dir deine Fähigkeiten vor Augen führen kann.

Vielleicht denkst du jetzt, ich wollte dir einen Guru empfehlen oder vielleicht mich selbst als spirituelle Meisterin. Aber das meine ich hier keineswegs. Ich spreche von keinem Menschen und auch von keinem jenseitigen Meister, Geist oder sonst was.

Ich spreche von der höchsten Kraft persönlich, nenne sie Gott oder Allah, Manitu, Wakan Tanka oder Großer Geist. Ich nenne sie übrigens die Kraft der Wahrheit. Aber die Bezeichnung ist unwichtig, solange wir uns darüber einig sind, dass wir hier von der höchsten Kraft sprechen, der Quelle, aus der wir stammen, dem Meer, in dem wir ein Tropfen sind.

Warum sich spirituellen Rat von einer geringeren Instanz holen?

Warum nicht gleich zu Vater und Mutter kommen?

Diese Kraft, von der ich spreche, ist die eine Kraft, die unsere Herzen schlagen lässt, die uns den Atem gibt. Die Kraft, welche alle Elektronen um die Atomkerne in unserem Innern kreisen lässt. Diese Kraft hat für uns eine Erde geschaffen, damit wir ein Zuhause haben. Diese Kraft hat uns eine Gravitation gegeben, damit wir nicht von unserem Zuhause herunterfallen, hat eine Atmosphäre für unseren Atem erschaffen, Nahrung und Material wachsen lassen und alles für uns getan, damit wir hier leben, wachsen und lernen können.

In jeder Sekunde unseres Lebens ist diese Kraft für uns da, lässt unsere Atome kreisen, lässt unser Herz schlagen und gibt uns unseren Atem. Keines Menschen Liebe hätte sich je so intensiv und ausdauernd um uns gekümmert.

Diese Kraft verkörpert eine außermenschliche Liebe, eine Liebe jenseits aller Wertungen, jenseits von Schuld und Strafe. Das sind Erfindungen des Menschen. Vor Gott gibt es keine Schuld. Was auch immer wir getan haben mögen, für Gott sind wir nur verirrte Kinder. Wir sind nicht fähig, uns eine solche Liebe überhaupt vorzustellen, aber wir dürfen uns daran anschließen.

Für diese Kraft sind wir die Kinder. Und für uns ist diese Kraft Mutter und Vater zugleich.

Ich möchte dir in diesem Brief den Schlüssel dazu geben, dich an diese Weisheit und Liebe anzuschließen.

Du darfst dich an diese Kraft anschließen und kannst aus dieser Quelle alle Antworten beziehen, die du brauchst. Und wir Menschen benötigen Antworten. Es gibt zu viele offene Fragen.

Einige Menschen erzählen mir aber, dass sie nicht den Mut haben, sich an diese Kraft zu wenden, sie fühlen sich zu schuldig.

Dazu möchte ich dir folgendes Beispiel erzählen:
Stell dir vor, du hättest zwei Söhne, einen dreijährigen und einen sechsjährigen. Dem Sechsjährigen hast du zum Geburtstag ein Fahrrad geschenkt. Nun will der Kleine unbedingt auch damit fahren und glaubt dir nicht, dass er das noch gar nicht schafft. Du warnst ihn immer wieder, aber eines Tages, als du gerade mal nicht hinsiehst, schnappt

er sich heimlich das Fahrrad seines Bruders und versucht sich damit. Das klappt aber nicht, er fährt gegen den steinernen Blumenkasten und schlägt sich das Knie auf.

Was machst du nun als Mutter?

Beschimpfst du ihn, schickst du ihn fort, weil er sein kleines Problem selbst verschuldet hat?

Nein, das tust du nicht. Du nimmst ihn in den Arm, tröstest ihn, wischst seine Tränen fort, behandelst seine Wunden und erst dann, wenn das alles erledigt ist und er nicht mehr weint, dann sprichst du mit ihm darüber, dass er zum Fahrradfahren noch zu klein ist. Du hilfst ihm, aus seinem Missgeschick zu lernen.

Wenn du, liebe Steffi, so lieben kannst, warum wohl sollte Gott das schlechter können?

Alle Liebe kommt aus unserem göttlichen Kern. Diese Kraft ist die Liebe selbst. Wir werden niemals abgewiesen, egal, wie selbst verschuldet unser Kummer auch sein mag. Diese Kraft wird uns in den Arm nehmen, unsere Tränen wegwischen, unsere Wunden heilen und erst dann eine Lektion für uns daraus machen, sodass wir dieses Leid nicht wiederholen.

Und ebenso wie du dein Kind aus der Pfütze holst und trotzdem auf den Arm nimmst, obwohl es schmutzig ist, ebenso nimmt uns diese Kraft an, wenn wir uns „schmutzig" gemacht haben.

Diese liebevolle Kraft reicht uns immer und überall ununterbrochen die Hand. Wir sind es doch, die sich immer wieder losreißen und allein in die Wüste rennen.

Es gibt keine so schlimme Schuld, dass uns Gott nicht mehr annehmen würde. Diese Kraft kennt überhaupt keine Schuld. Das ist eine sehr enge und dumme Kategorie, entsprungen aus dem begrenzten Bewusstsein begrenzter Menschen.

Ich schrieb dir ja schon: Leid kommt immer aus Leid.

Wenn wir also etwas Schlimmes angerichtet haben, wenn wir jemandem Leid verursacht haben, dann geschah das, weil auch wir verbogen und deformiert wurden. Wenn uns die Kraft dann nicht verzeihen könnte, wären wir verloren. Ich wende mich hier auch entschieden gegen jede Vorstellung von Erbsünde. So etwas gibt es nicht. Menschen, die sich so etwas ausdenken, haben Gott nie erfahren, nie gefühlt, nie erlebt.

Wir können uns diese Kraft auch nicht vorstellen, wir können sie nur erfahren, indem wir uns an sie anschließen. Und das geht folgendermaßen:

Baue dir in deinem Zimmer einen kleinen Altar auf.

Dazu kannst du ein kleines Tischchen nehmen, ein Regal oder vielleicht ein Nachtschränkchen.

Mach dieses Tischchen ganz sauber.

Stelle etwas darauf, was für dich ein Symbol des „Nach-oben-Abschickens" ist. Das kann zum Beispiel eine Jesusstatue sein oder ein Buddha, ein Kristall, der nach oben zeigt, ein nach oben gerichteter Zweig oder was immer dir als Symbol stimmig erscheint. Diese Symbolik ist persönlich. Es geht um dich, es geht darum, dass du deinen eigenen Altar so bestückst, wie es dir angemessen erscheint. Bei den Indianern ist zum Beispiel die heilige Pfeife das Symbol des Abschickens. Der aufsteigende Rauch soll die Gebete nach oben tragen zum Großen Geist.

So ein Symbol brauchst du.

Dann benötigst du für deinen Altar noch eine Auflagefläche für deine Bitten. Du kannst dafür ein Stück Baumrinde nehmen oder ein gefaltetes Seidentuch, eine kreisförmig ausgelegte Halskette, ein Tellerchen oder was immer du meinst. Diese Auflagefläche liegt vor dem Abschicksymbol. Du kannst alle deine Bitten symbolisch darauf legen.

Ich symbolisiere immer alles mit Steinchen, die ich mir gesammelt habe oder mit Kaffeebohnen, aber das ist natürlich auch persönlich. Du kannst auch Samenkörner, Eicheln, Erbsen, Bohnen, Kastanien oder was auch immer nehmen, um deine jeweiligen Bitten symbolisch ablegen zu können.

Es gibt auch die Möglichkeit, Bitten aufzuschreiben und den Zettel in ein Kästchen zu legen, auf dem dann dein Buddha oder dein Jesus steht. Das hat aber den Nachteil, dass Unbefugte das Kästchen vielleicht öffnen und den Zettel lesen könnten. Überhaupt sollte dein Altar möglichst sicher sein, vor dem Zugriff respektloser Menschen, die einfach alles anfassen, ohne zu fragen.

Wenn du deine Bitte in symbolischer Form auf den Altar legst, dann kann das zwar jeder sehen, aber niemand weiß, was damit gemeint ist.

Deine Bitten und Fragen an die Kraft gehen nur die Kraft selber und dich etwas an.

Was braucht dein Altar noch?

Generell kann ich sagen, dass das ganz vor dir und deinem Geschmack abhängt. Du kannst alles auf deinen Altar stellen, was dir heilig ist. Niemand hat das Recht zu kritisieren, was du dir ausgewählt hast. Selbst deinen Teddybären von Tante Erna könntest du dafür hernehmen, wenn er dir tatsächlich heilig ist.

Ich kann aber hier noch einige Vorschläge machen, um zu verdeutlichen, welche Möglichkeiten es denn so gibt.

Du kannst zum Beispiel Symbole für Erde, Wasser, Feuer und Luft nehmen, denn sie stehen für die vier überall gültigen Aspekte: Körper, Gefühl, Wille und Geist. Auf der ganzen Welt wirst du keinen Menschen finden, der diese vier nicht in sich vereinigt. Sie haben Wahrheitscharakter.

Du kannst Kristalle, Gefäße, Blumen, Kerzen, Federn und dergleichen benutzen. Überlege dir genau, was dir schon immer heilig war und symbolisiere es auf dem Altar. Gott wird deine Symbolsprache verstehen.

Wichtig ist noch, dass du nichts verwendest, was allein Dekorationscharakter hat. Es gibt sicherlich viele schöne Dinge, die sich gut machen würden, aber sie sollten dir auch irgendwie heilig sein. Wenn du einfach nur dekorierst, wirst du später feststellen, dass du nicht mehr Beziehung zu deinem Altar hast als zu jedem anderen Dekorationsplatz in deiner Wohnung. Trotzdem ist das Dekorieren sehr wichtig.

Du musst dir deinen Altar so schön machen, dass du dich jedes Mal freust, wenn du ihn anschaust. Freude ist sehr wichtig. Freude ist ein guter Anfang, um mit der Wahrheit in Verbindung zu treten.

Nimm dir also viel Zeit und überlege lange und genau. Dann erschaffe dir deinen Altar.

Es gibt ein indianisches Sprichwort, das hier gilt:

Mache nichts Heiliges in Eile.

Nimm dir gute Ruhe, errichte deinen Altar mit großer Liebe und Hingabe. Dein Altar wird dein rotes Telefon zu Gott sein. Dafür kann man sich schon ein wenig Zeit nehmen. Es darf dabei nicht halbherzig oder schlampig vorgegangen werden. Schließe auch keine Kompromisse. Nur das, was du wirklich willst, sollte auf deinem Altar Platz finden.

Dekoriere mit Liebe und Freude so lange, bis dein Altar für heute fertig ist. Morgen kannst du wieder alles verändern, wenn du willst.

Ein Altar sollte niemals statisch werden. Was sich nicht mehr bewegt, ist tot. Wenn du willst, dekoriere morgen alles noch einmal. Erneuere die Kerzen, gieße die Blumen, zünde deine Räucherstäbchen an oder was auch immer du benutzen willst. Hege und pflege deinen Altar. Du beschäftigst dich mit deiner Kraft. Wann immer du dir über ein Symbol nicht sicher bist, folge deinem Gefühl. Lasse dir nicht von anderen sagen, was du tun sollst, sondern wende dich an deine eigene Intuition.

Die Intuition ist die Stimme Gottes in deinem Herzen.

Nun hast du also deinen Altar fertig gebaut und bist auch sehr zufrieden damit.

Überlege dir jetzt, welche Fragen du an die Kraft hast und welche Bitten du gern vortragen möchtest.

Du kannst durchaus auch für andere Menschen bitten, aber deine Hauptsorge solltest du selbst sein. Bitten für andere haben sehr leicht mal etwas Schwarzmagisches an sich, das wir aber unbedingt vermeiden sollten.

Wenn du für einen anderen bitten möchtest, dann halte deine Bitten sehr allgemein. Sage nicht: „Lieber Gott, schicke meinem Neffen eine Frau."

Sage lieber: „Sende ihm das, was ihm helfen wird, was immer das sei."

Das ist auf alle Fälle besser. Vertraue dieser Kraft. Du brauchst der Kraft wirklich keine Vorschläge zu machen. Diese Kraft verkörpert die größte aller möglichen Weisheiten. Sie weiß besser als jeder Mensch, was für uns gut ist.

Wenn du für dich selbst bittest, ist es immer besser, um Einsicht zu bitten. Egal, wie deine Situation aussehen mag, Einsicht kann nie schaden.

Wenn du zum Beispiel in einen Streit verwickelt bist, dann kann dieser Streit durchaus von beiden Seiten aufgelöst werden, auch dann, wenn der andere eindeutig unrecht hat. Aber er will ja nichts einsehen, er will ja nicht aufhören, also sieh du ein und höre du auf. Bei jeglichem Problem kann man immer göttliche Einsicht brauchen.

Ich empfehle sehr und lege dir ganz dringend ans Herz, nicht in die Arroganz zu verfallen, dass du für andere Einsichten finden willst. Kümmere dich nicht darum, ob andere etwas begreifen wollen oder nicht. Das ist nicht dein Bier. Es ist ihre freie Entscheidung, dass sie nicht begreifen wollen. Du bist nur zuständig für deine eigenen Einsichten. Also lasse es auch dabei bewenden.

Ich erlebe oft in meinen Seminaren fehlgeleitete Esoterikerinnen, die meinen, sie hätten einen engeren Draht zur Kraft als andere, und die dann ständig den anderen etwas erzählen, was sie angeblich „durchgekriegt" haben, oder was ihnen „gesagt" wurde. Diese Damen werden so lange nichts Nennenswertes begreifen, bis sie selbst einsehen, dass jeder Mensch, absolut jeder, die Möglichkeit hat, sich selbst an seinen Vater und seine Mutter zu wenden. Wir brauchen diese selbst ernannten „Übersetzer" nicht. Sie beeindrucken leichtgläubige Menschen mit ihren scheinbaren Fähigkeiten und spielen sich als Übermittler auf zwischen der göttlichen Wahrheit und den Menschen.

Die Zeiten gehen zu Ende, in denen Menschen tatsächlich solche Übermittler gebraucht haben. Und es beginnen nun langsam die Zeiten, in denen die Menschen erkennen, dass jeder Einzelne sich ganz persönlich an die Kraft wenden kann und seine eigenen Antworten von dort bekommt.

Werde bitte nicht eine von diesen Esoterikerinnen, die meinen, die Weisheit mit Löffeln gefressen zu haben, und die ihre Mitmenschen nur verwirren und von der Wahrheit abbringen, anstatt sie dahin zu führen. Suche nicht nach Antworten für die anderen. Die anderen können sich auch einen Altar bauen. Du selbst bist es, um die du dich hier kümmern sollst. Und es gibt so unendlich vieles, was man lernen kann, dass du damit vollauf beschäftigt sein kannst. Sich immer um die Probleme anderer zu kümmern, ist auch nichts anderes, als eine der Methoden, von sich selbst abzulenken.

Bitte die Kraft der Wahrheit darum, dass sie dich lernen lässt. Wenn du am Altar um eine Einsicht bittest, wird die Einsicht kommen. Solche Bitten werden immer erfüllt. Allerdings müssen wir diese Einsicht auch annehmen, wenn sie kommt.

Um eine Einsicht haben zu können, müssen wir bereit sein, notfalls Mauern in unserem Innern einstürzen zu lassen.

Dazu ein Beispiel:
Ich hatte vor vielen Jahren einmal Probleme mit einer eifersüchtigen Kollegin. Sie verursachte mir viel Leid. Als ich an meinem Altar um Einsicht bat, wurde mir sofort klar, dass ich offen sein muss, eventuell anzuerkennen, dass gar nicht sie das Problem war, sondern vielleicht ich.

Das war eine Mauer in meinem Innern. Ich wollte zwar Einsicht haben, um das Problem zu lösen, aber ich wollte natürlich weiterhin glauben, dass sie die Böse ist und ich die Gute bin.

Ich merkte, dass ich so nicht bitten kann. Das ist so, als ob man Gott Vorschriften machen will. Er darf dir zwar helfen, aber nur in einem von dir abgesteckten Rahmen. So kann man natürlich mit der Kraft nicht umgehen.

Als ich das erkannte, entschied ich mich dafür, mich vollends zu öffnen und alles für möglich zu halten. Ich bat darum, mich die Wahrheit erkennen zu lassen, wie auch immer sie aussehen möge, selbst wenn es sich herausstellen sollte, dass gar nicht die Kollegin, sondern in Wirklichkeit ich das Problem war.

Innerhalb der nächsten drei Tage ereigneten sich verschiedene Dinge in meinem Leben, die mir meine eigene Eifersucht unmissverständlich vor Augen hielten. Ich bedankte mich bei der Kraft für diese Einsicht und begann damit, mein Eifersuchtsego zu integrieren. Sehr bald veränderten sich die Verhältnisse an meinem Arbeitsplatz, wie von Geisterhand bereinigt. Das Problem mit der Kollegin verschwand einfach.

Ich habe dieses Beispiel hier erzählt, um damit zu verdeutlichen, in welche innere Offenheit wir gehen müssen, um die Einsichten, die uns geschickt werden, zu verstehen. Wir dürfen nicht mit lauter vorgefassten Meinungen an unseren Altar herantreten, sondern mit der Bereitschaft, alles anzunehmen, was uns geschickt wird. Das macht dem Ego ein wenig Mühe, zweifellos, aber die Mühe lohnt sich, weil wir auf diese Weise dahin kommen, all unsere Probleme wirklich aufzulösen.

Wir müssen endlich mit dem kindischen Recht-haben-Wollen aufhören. Es ist doch egal, wer in einem Streit nun recht hat und wer nicht. Es ist auch egal, wer angefangen hat. Das einzig Interessante ist doch, wer es schafft, damit aufzuhören.

Es geht nicht darum, anderen etwas ewig nachzutragen, ganz gleich, was auch immer sie getan haben mögen.

Was haben wir denn davon, so zu sein? Das nimmt uns jede echte Lebensqualität.

Es geht darum, in die Kraft, Wahrheit, die Weisheit und die Liebe zu kommen.

Dazu kann dir die Altararbeit helfen. Wenn du das geschafft hast, ist dein Leben so viel besser, so frei, so kraftvoll und voller Freude, dass es dir einfach egal ist, ob du nun recht hast oder nicht. Wir können am Altar alle Antworten auf unsere Lebensfragen bekommen, wenn wir die Offenheit aufbringen, sie anzunehmen.

Ich erlebe oft Klienten, die mir sagen, dass sie irgendetwas nie verzeihen wollen. Andere Klienten haben sich irgendetwas in den Kopf gesetzt und wollen nichts Anderslautendes mehr gelten lassen.

Manche wollen in dieser Welt einen Willen durchsetzen, der keine Chance hat. Andere haben Meinungen, an denen keiner rütteln darf.

Ich kann ihnen nicht helfen. Sie alle werden so lange weiterleiden, bis sie endlich die Offenheit aufbringen, auch etwas anderes zulassen zu können. Erst dann ist Hilfe möglich, erst dann entspannt sich die innere Verkrampfung.

Nicht einmal Gott kann ihnen helfen, weil sie ihn nicht hören wollen.

Wenn du die Antworten der Wahrheit an deinem Altar bekommen willst, bringe alle Offenheit mit, zu der du nur irgend fähig bist. Bilde dir keine Meinungen darüber, wie eine Sache ist, wie sie zu lösen sei, wie du zu dieser Sache stehst, wer du bist oder wer du nicht bist. Sei einfach völlig aufnahmebereit für das, was kommt.

Okay, und wie kommen die Antworten dann?

Sie werden dir in den nächsten Tagen geschickt. Es kann sein, dass du morgens aufwachst und eine plötzliche Einsicht hast. Es kann sein, dass du am Fernseher zappst und in einem Film spricht jemand einen Satz aus, der in deinem Innern einen kleinen Erdrutsch auslöst. Kann sein, dass dich ein Betrunkener auf der Straße anrempelt und etwas vor sich hin lallt, was genau die gleiche Wirkung auf dich hat.

Es kann von überall kommen.

Jeder Mensch, dem du begegnest, auch jedes Kind, kann der Überbringer der Antwort sein. Jedes Buch, das dir in die Hand gerät, selbst ein Papierfetzen, der dir auf der Straße vor die Füße weht, kann dir die Antwort bringen. Du erkennst sie immer daran, dass sie dich innerlich wie eine kleine Miniexplosion durchschüttelt, so ein durchschlagendes Aha-Erlebnis.

Eine Erkenntnis kann das nicht, dazu braucht es eine Einsicht. Wenn du also an deinem Altar gebetet hast, gehst du in eine Art entspannter Aufmerksamkeit. Nicht lauern, nicht dauernd daran denken, nur einfach aufmerksam mit allem umgehen, was dir widerfährt, egal, was es ist. Jegliche Situation kann der Anfang der Lösung werden. Die Kraft kann sich aller Umstände und Menschen bedienen, um dir zu helfen. Vielleicht sieht es sogar für einen Moment so aus, als wollte sich das Problem verschlimmern, aber im Endeffekt wirst du immer sehen, dass es sich doch auflöst.

Hierzu wiederum ein Beispiel.
Eine Klientin berichtete mir von einem Problem, das sie

mit ihrem Mann hatte. Er reagierte auf vieles, was sie tat, so verächtlich und abwertend, dass sie ihm viele Dinge schon gar nicht mehr erzählte. Dadurch hatte sie sich aber schon ein ganzes Lügennetz gebaut. Die Situation erschien ihr unerträglich. Sie fragte mich verzweifelt, ob ich es wohl für möglich hielte, dass ihr Mann sich noch ändern könne. Sie baute sich zu Hause einen getarnten Altar. Für ihren Mann war es nichts weiter als ein dekoriertes Regal, für sie war es aber ihr Altar. Kurz darauf brach ihr Lügengebäude in sich zusammen. Der Mann hatte alles herausgefunden. Sie rief mich noch verzweifelter an und fragte, wieso ihr das passiert sei, wo sie sich doch an Gott gewandt hatte.

Ich empfahl ihr, nun völlig ehrlich zu sein, da ohnehin schon so viel herausgekommen war.

Sie hatte daraufhin ein langes Gespräch mit ihrem Mann. Er war erschüttert, als er hören musste, wie viel sie ihm verheimlicht hatte. Aber es erschütterte ihn fast ebenso, dass sie das aus Angst vor ihm getan hatte. Er war kein schlechter Mensch, er wollte nicht, dass seine eigene Frau sich vor ihm fürchtete. Die ganze Situation wirkte wie ein Schlüsselerlebnis für ihn. Er begriff, dass er sein Verhalten verändern musste, wenn er das Vertrauen seiner Frau wiedergewinnen wollte. Es entwickelte sich daraus ein verbessertes Verhältnis der beiden zueinander. Außerdem mischte er sich nicht mehr in ihre spirituellen Interessen ein, sondern gab ihr sogar noch das Geld, die Seminare und Vorträge zu besuchen, für die sie sich interessierte.

Wende dich an die Kraft und die Dinge kommen ins Rollen. Und wenn du ihnen erlaubst zu rollen, wird sich alles dahin bewegen, wo es wirklich hingehört.

Wir verhindern das nur sehr häufig, weil wir uns einfach nicht vorstellen können, dass es noch andere Lösungen geben soll als die, welche wir bereits als unmöglich ausgeschlossen haben. Aber es gibt immer eine Lösung, wirklich immer. Und diese Lösungen sehen fast immer völlig anders aus, als wir es erwartet haben.

Wenn du dich an deinem Altar an die Kraft wendest, solltest du deine Fragen und deine Bitten laut oder wenigstens halblaut aussprechen. Du wirst feststellen, dass sich dadurch etwas in deinem Herzen bewegt. Diese Bewegung findet nicht statt, wenn du nur denkst.

Erzähle dem Großen Geist alles, was dich bewegt. Sei wie ein Kind, sprich naiv und aus dem Herzen.

Wenn wir zu Gott wollen, müssen wir nicht geistreich, brillant oder witzig daherkommen. Die Kraft interessiert sich sowieso nur für unser Herz. Du kannst es dir daher auch sparen, um Dinge zu bitten, die du eigentlich gar nicht willst. Du kannst die Kraft nicht belügen. Sei lieber ehrlich und erzähle der Vater- und Mutterkraft, was dich wirklich bewegt. Und bitte um Einsicht. Immer wieder Einsicht. Sie ist das kostbarste Gut, was wir hier auf der Welt erlangen können.

Sprich so lange oder so kurz, wie es dir richtig erscheint. Wenn du das Gefühl hast, du möchtest deine Worte wiederholen, dann wiederhole sie. Wenn du meinst, du seiest fertig, dann beende das Gebet.

Wir gehen zu Gott wie ein kleines Kind, das mit der kaputten Puppe zum Papa kommt und sagt: „Mach heil."

Bringe deine Sorgen, dein Leid und deine Probleme zu Gott wie eine kaputte Puppe und sage ihm: „Mach heil."

So wie sich der Papa unserer Puppe annimmt, nimmt sich die Kraft deines Leids an und macht dich heil, wenn du es zulassen kannst.

Wenn du zu Ende gesprochen hast, lege ein Symbol für deine Bitte auf den Altar. Einen Stein, ein Blatt, ein Samenkorn oder was immer dir richtig erscheint.

Dann verbeuge dich vor dem Altar bis zur Erde. Diese Verbeugung ist wichtig. Sie ist das Symbol für das Abschicken der Bitten und Gebete an die Kraft.

Danach musst du vergessen, nicht für immer, aber wenigstens für einige Zeit. Wenn du dein Problem immer noch im Kopf hast und darüber nachgrübelst, ist es nicht abgeschickt, sondern immer noch bei dir.

Vergiss das Problem. Du hast es abgegeben.

Es ist in den besten Händen. Jetzt wird eine höhere Instanz für dich die Lösung suchen, du selbst brauchst das also nicht mehr. Und warte entspannt und offen auf das, was kommt.

Wie gesagt alles, was dir von diesem Moment an begegnet, kann die Lösung sein oder zumindest der Anfang davon.

Natürlich kannst du dein Gebet morgen wiederholen, wenn du willst und wenn die Lösung noch nicht gekommen ist. Es geht beim Vergessen nur darum, das Problem wirklich abzugeben und nicht in Wirklichkeit doch behalten zu wollen. Vertraue. Gib deinem Papa all deine kaputten Puppen.

Wenn du die Lösung erhalten hast, kannst du das Symbol der Erde übergeben. Lege es einfach in den Garten.

Wenn du dich auf diese Weise an eine höhere Kraft um Weisung und Hilfe wendest, kommen Antworten zu dir. Es ist dein Anschluss an eine höhere Weisheit.

Deine Kim

Der sechste Schlüssel

Meditation

Ich spreche von jenen Bereichen unseres eigenen Innern, wo alle Bilder enden.

Liebe Steffi,

in diesem Brief beschreibe ich dir einen Schlüssel, der dir die Tür öffnet zu einer höheren Energie.

Es handelt sich dabei um eine Meditation. Diese Meditation ist nun keineswegs neu. Im Gegenteil gibt es wahrscheinlich viele Meister, die sie so oder so ähnlich schon beschrieben haben, aber immer noch herrscht ein großes Durcheinander in den Vorstellungen der Menschen bezüglich der Frage, was Meditation denn eigentlich sei und welchem Zweck sie dient.

Vieles wird heutzutage unter Meditation verstanden. Einige Autoren beschreiben zum Beispiel Reisen in die innere Bilderwelt als Meditationen.

Das Traumreisen oder Visionsreisen ist eine sehr alte schamanische Methode, die in den entsprechenden Fällen sehr sinnvoll und nutzbringend angewendet werden kann. Ich selbst beschreibe etwas Ähnliches in meinem dritten Brief an dich. Hier spreche ich jedoch nicht vom Bilderreisen.

Die Meditation, die ich beschreiben will, dient einem ganz anderen Zweck. Es geht um die Erhöhung der eigenen Energie durch den Anschluss an eine höhere Kraft.

Ich spreche von jenen Bereichen unseres Innern, wo alle Bilder enden.

Wozu die Energie erhöhen?
Ich hatte in meinem Leben Gelegenheit festzustellen, dass Probleme, gleich welcher Art, sich auflösen, wenn die Energie nur hoch genug ist.

Dazu ein Beispiel:
Vor Jahren verreiste ich mit meiner damals siebenjährigen Nichte Maike in die USA. Der Ort, den wir besuchten, war einfach wunderbar und hatte eine außerordentlich hohe Energie. Maike, die in Hamburg damals immer viele kleine Krankheiten, Allergien und sonstige Wehwehchen hatte, sprang in jenen Wochen herum wie ein junges Füllen. Sie hopste, hüpfte und tanzte sich durch den Sommer. Den großen Medikamentenbeutel, den ihre Mutter ihr eingepackt hatte, öffneten wir während der gesamten Reise nicht. Sie war gesünder als gesund, stark wie ein kleiner Arnold Schwarzenegger, anmutig wie eine Tempeltänzerin und fröhlich wie Doris Day genoss sie diese Reise in vollen Zügen.

Ich selbst fühlte diese Energie ebenfalls in mir. Es war plötzlich, als gäbe es keine Schwierigkeiten mehr auf der Welt. Ich erinnerte mich an meine damaligen Probleme in

Deutschland und wunderte mich, wieso mir diese Dinge überhaupt Sorgen machen konnten. Es schien alles so simpel und einfach zu lösen.

Als wir dann bei der Rückreise den ersten Fuß wieder auf deutschen Boden setzten, war auf einmal alles wieder da. Verglichen mit dem Ort unseres Urlaubs fühlt es sich hier an, als würde man permanent durch zähen Matsch waten. Alles geht so langsam und zäh voran.

Damals wurde mir klar, dass es eine Frage der Energie ist, ob Probleme lösbar erscheinen oder nicht. Dieses Wissen nutze ich heute für meine Klienten. Ich halte einen hellen und warmen Empfangsraum immer sauber für sie und erhöhe während des Gespräches die Energie im Raum, soweit es geht. Die Klienten fühlen das sehr stark und öffnen sich dafür. Sie merken auf einmal, dass all ihre Sorgen doch gar nicht so tragisch sind, wie es ihnen erschien. Auf einmal fallen ihnen selbst Lösungen ein und sie können sich für neue Möglichkeiten öffnen, wo sie vorher nur schwarzsahen.

Auch für mich selbst setze ich diese Möglichkeit sehr häufig ein, wenn ich merke, dass es mir nicht so gut geht. Ich mache keinen Unterschied zwischen körperlichen Krankheiten oder psychischen Problemen. Wenn ich bemerke, dass ich mich schlecht fühle, gehe ich in Meditation und fülle mich wieder mit Energie auf. Das ändert alles, es ist nur eine Frage der Übung.

Wie kann die Meditation unsere Energie erhöhen?

Nimm dafür folgendes Gleichnis:
Stell dir vor, deine Seele bestünde aus einem riesigen Palast

mit vielen, vielen Zimmern. In jedem Zimmer befindet sich ein anderer Aspekt deiner Persönlichkeit. Aber im Zentrum des Palastes, genau in der Mitte, befindet sich ein Raum, in dem immer nur Freude herrscht. Diese Freude ist immer gleichbleibend. So wie der Meeresgrund nichts von den Stürmen an der Oberfläche weiß, so weiß dieser Raum der Freude nichts von deinen Kämpfen, Traurigkeiten, Verlusten und anderen Sorgen. Hier in diesem Raum gibt es immer nur Freude.

Wie jeder Mensch hast auch du diesen Raum in der Mitte deiner Seele. Der Raum befindet sich immer in dir, aber du befindest dich nicht immer in diesem Raum.

Die Meditation soll uns lehren, diesen Raum aus Freude jederzeit betreten zu können.

Es ist sogar möglich, im Zustande der Trauer, wenn ein lieber Mensch gestorben ist, in diesen Raum zu gehen und Freude zu fühlen, selbst wenn du krank bist oder dir ein großes Unheil droht. Die Meditation, wenn du sie gemeistert hast, bringt dich immer und zuverlässig in diesen Raum.

Wie fühlt es sich an, in dem Raum zu sein?

Die Menschen beschreiben es unterschiedlich. Einige erzählen mir von einem tiefen Frieden, andere sprechen eher von Freude. Ich habe beobachtet, dass Kinder, die in diesen Zustand kommen, oft anfangen zu kichern und zu lachen. Sie reagieren ganz natürlich auf die Freude in ihrem Innern. Heilige haben es beschrieben als Zustand immerwährender Glückseligkeit.

Woher weiß ich sicher, dass ich dort angekommen bin?
Das ist ganz leicht. Du erkennst es am inneren Kraftzuwachs. Alles erscheint dir plötzlich leicht und einfach. Du fühlst dich wie aufgeladen, weil deine Energie sich erhöht durch den Kontakt mit diesem Zustand.

Was ist eigentlich hohe Energie?
Diese Frage sollte unbedingt hier geklärt werden, denn ich erlebe auch in dieser Frage bei meinen Schülern und Klienten große Verwirrung.

anche Menschen beschreiben es geradezu kryptisch, man muss „fühlig" werden, um Energie wahrzunehmen. Nicht selten bekommst du den Spruch um die Ohren geknallt: „Du bist noch nicht so weit".

Alles Quatsch!

Jeder Mensch ist fühlig geboren, jeder Mensch kann Energie wahrnehmen. Die Menschen sollten endlich aufhören, sich von solchen Angebern täuschen zu lassen.

Ich erzähle dir jetzt ein offenes Geheimnis: Wir haben in unserem Herzen einen Übersetzer für Energie, nämlich unser Gefühl. Energie ist kein geheimnisvolles „bsss bsss" in der Luft, sondern als Gefühl deutlich und einfach wahrnehmbar.

Fröhlichkeit, Freude, Begeisterung, Lachen, Enthusiasmus, Ekstase – das sind hohe Energien.

Selbstzweifel, Zweifel, Launen, Trauer, Wut, Hass, Misstrauen, ANGST – das sind niedrige Energien, wobei die Angst auch noch den Nachteil mitbringt, dass sie die noch vorhandenen Energien immer weiter herunterschraubt.

Wenn du dich also irgendwo einfach wohlfühlst, dann weißt du sicher, dass die Energie dort hoch ist. Wenn du einem Meister gegenübersitzt und bist verunsichert, voller Zweifel, verwirrt, hast womöglich gar Angst, dann weißt du ganz sicher, dass die Energie dort niedrig ist, egal was dir seine Jünger auch erzählen mögen.

Lasse dir in dieser Hinsicht überhaupt nichts mehr erzählen, wozu hast du ein eigenes Herz?

Fühle selber und vertraue deinem Gefühl.

Ich habe in meinem Leben immer wieder die Erfahrung gemacht, dass alle, wirklich alle Menschen fühlig sind. Du brauchst nur dich selbst und dein ganz natürliches Gefühl. Es wird dir immer zuverlässig verraten, ob die Energie hoch ist oder nicht.

> ### Übung: Meditation
>
> Setze dich sehr bequem hin, suche dir eine Rückenlehne und wenn nötig, eine Fußablage. Es geht hier nicht darum, den Körper zu kasteien. Der Körper sollte sich während der Meditation so wohlfühlen, dass du ihn gar nicht spürst.
>
> Es wäre am besten, wenn du jemanden hast, der dir den folgenden Text vorliest, denn du kannst nicht gleichzeitig lesen und meditieren. Du kannst dir diesen Text auch selbst auf Band sprechen und ihn abspielen. Spreche dazu mit weicher, leiser Stim-

me. Lasse Pausen zwischen den einzelnen Absätzen.

(Sehr wichtig ist zu beachten, dass mein Meditationstext nicht den geringsten Anspruch auf Endgültigkeit oder Einzigartigkeit erhebt. Es ist nur ein Vorschlag. Eine Krücke für den Weg. Wenn du merkst, dass du ohne Krücken laufen kannst, wirf die Krücken fort und gehe allein. Wenn du merkst, dass du auf andere Weise besser in den von mir beschriebenen Zustand der Kraft und Freude kommen kannst, vergiss meine Worte und vertraue deiner eigenen Intuition.)

Meditationstext:

Schließe sanft die Augen und fühle einen Moment lang auf deinen Atem.

Wenn du ganz ruhig geworden bist, dann lasse zu, dass das mit dir passiert, was jede Nacht im Schlaf mit dir geschieht, nämlich dass du beatmet wirst.

Jede Nacht, wenn du schläfst und dich nicht um deinen Atem kümmerst, kommt eine Kraft zu dir, zuverlässig, treu und liebevoll und gibt dir den Atem in genau dem richtigen Rhythmus.

Diese Kraft kannst du auch jetzt zu dir kommen lassen, indem du den Atem einfach wie von allein passieren lässt. Lasse den Atem fließen, fühle, wie du jetzt beatmet wirst.

Die Kraft, die dich beatmet, ist das Liebevollste und Fürsorglichste, was du dir nur vorstellen kannst. In jeder Sekunde deines Lebens sorgt diese Kraft für dich, gibt dir den Atem, lässt dein Herz schlagen und bewegt all die Atome in deinem Körper.

Es ist aber auch die gleiche Kraft, die die Planeten in den Universen bewegt.

Diese Kraft beatmet nicht nur dich, sondern alle anderen Lebewesen auf der Erde, aber nur wir Menschen haben die Gnade, dass wir fühlen können, wie diese Kraft an uns ansetzt, indem wir uns von ihr beatmen lassen.

Über diese Kraft sind wie alle miteinander verbunden.

Dein Körper kennt die Kraft, die dich beatmet, denn er erlebt sie ja jede Nacht im Schlaf. Deshalb reagiert dein Körper aus reiner Gewohnheit mit Entspannung auf diese Kraft.

Du wirst feststellen, dass dein Körper mit jedem sanften Ausatmen immer tiefer in die Entspannung geht, ganz von allein.

Aber für dein Bewusstsein ist es etwas anderes als nachts im Schlaf, denn da lässt du dein Bewusstsein davon driften und träumst. Jetzt aber bist du wach und du merkst, wie du beatmet wirst.

Du wirst feststellen, dass dein Bewusstsein hochgradig inspiriert reagiert auf die Kraft, die dich beatmet, denn es fühlt die Gegenwart des einen Großen Geistes, seines Ursprunges.

So kommt es, dass du mit jedem sanften Einatmen immer wacher und klarer wirst, immer präsenter, immer mehr da.

So entsteht eine Polarität in dir, die aus der tiefen Entspannung des Körpers einerseits besteht und aus der völligen Wachheit und Klarheit deines Geistes andererseits.

> *Mit jedem sanften Ein- und Ausatmen bewegen sich diese beiden Pole ein klein wenig weiter auseinander. Dadurch entsteht in dir eine Art Spannung, du wirst immer mehr in deine eigene Mitte gerückt.*
>
> *Nach einiger Zeit ist der Atem nur noch eine Schwingung, ein Auf und Ab, wie Gezeiten. Und obwohl diese Schwingung so sanft ist, ergreift sie dich ganz und gar.*
>
> *Mit jedem Auf- und Abschwingen wirst du ein klein wenig mehr in deine Mitte gerückt.*
>
> *Mit jedem sanften Ein- und Ausatmen wirst du immer mehr in diese leise Freude geschoben, diesen tiefen Frieden, die sanfte Glückseligkeit.*
>
> *Genieße sie, genieße den Atem, der dich zuverlässig in deine Mitte schiebt, genieße den Frieden und die Freude.*
>
> *Du musst jetzt nichts schaffen oder leisten, nichts verstehen, nicht mal etwas sein. Du darfst einfach in deinem eigenen Innern Urlaub machen.*
>
> *Lasse dich auf der Schwingung des Atems wiegen und genieße.*

Wenn du dich dem Atem anvertraust, der Kraft, die dich liebt, umgibt, durchdringt und trägt, dann bist du so behütet, wie es nur möglich ist.

Es kann sein, dass du eine tiefe Liebe fühlst, das ist die göttliche Liebe, die dir und allen anderen Lebewesen gilt.

Für diese Meditation brauchst du nichts anderes als den Atem. Wenn du es einmal begriffen hast, benötigst du auch keine Meditationskassetten mehr und niemanden, der dir den Text vorliest. Das ist nur eine Hilfestellung für Anfänger.

Du kannst dann jederzeit und an jedem Ort in diesen Zustand gehen, da du ja den Atem überall hin mitnimmst.

Wann immer du Ruhe, Entspannung, Freude oder Kraft brauchst, schließe kurz die Augen und lasse dich beatmen.

Dadurch schließt du dich an diese Kraft an.

Gönne dir diese großartige Chance. Lasse dich von der Kraft mit Energie auffüllen wie eine Batterie. Tu dies besonders dann, wenn es dir schlecht geht, wenn du traurig oder niedergedrückt bist. Lasse dich von der Kraft erheben.

Sie wird dir alles geben, was du brauchst, um wieder stark und glücklich zu sein.

Sie wird dir die Kraft geben, auch für andere noch Energien zur Verfügung zu haben, sodass du ihnen Freude und Glück vermitteln kannst.

Diese Kraft will nichts anderes für uns, als dass wir Freude erleben und leben können.

Deine Kim

DER SIEBTE SCHLÜSSEL

Diene Deinem Stamm

Erkenne deinen Stamm und diene ihm.

Liebe Steffi,

jetzt haben wir gemeinsam schon einen weiten Weg zurückgelegt. Nun fehlt uns noch die letzte Stufe, denn es ging ja darum, anderen und sich selbst ein Glücksbringer zu werden.

Ich hatte im ersten Brief erklärt, dass es dafür notwendig ist, ein wahrhaftiger Mensch zu sein, ein Mensch, der nicht von Problemen, Ängsten, Traumata und sonstigen Schwierigkeiten an sich selbst gehindert wird. Um für andere ein Glücksbringer zu werden, musst du also erst einmal du selbst sein können.

Dazu ein kleines Beispiel, das mir eine Klientin erzählt hat. Sie beschrieb sich selbst als schüchtern, leicht zu verunsichern.

Als sie einmal in einem Arztwartezimmer saß, hörte sie ein Gespräch von anderen Menschen mit, die ebenfalls dort warteten. Eine Frau berichtete ihrer Freundin, wie unglücklich sie darüber sei, keine Arbeitsstelle zu haben. Sie war der Ansicht, dass ihre Krankheit, derentwegen sie bei jenem Arzt im Wartezimmer saß, nur daher rührte, dass sie zu viel allein war und ihre Kräfte nicht in einer sinnvollen Arbeit nutzen konnte. Aus dem Gespräch ging ebenfalls hervor, dass die Arbeitsuchende eine Buchhalterin war.

Nun gab es in der Firma meiner Klientin gerade eine Vakanz für eine Buchhalterin.

Sie fühlte den Impuls, die beiden fremden Damen einfach anzusprechen und ihnen davon zu erzählen. Aber sie wagte es doch nicht. Ihre Schüchternheit hinderte sie ganz einfach daran. Später tat ihr das leid, denn sie hatte das deutliche Gefühl, dass diese Begegnung nicht zufällig gewesen war.

Sie hätte vielleicht ein Glücksbringer für die fremde Dame sein können, wurde aber daran gehindert, obwohl der innere Impuls deutlich genug gewesen war.

Die bisherigen Schlüssel sollten dir helfen, in dein wahres Mensch-Sein zu gehen. Das zu leben, was du wirklich bist und nicht das, was man aus dir gemacht hat.

Nun, da du dies alles praktizierst, fehlt nur noch eines:

Übernimm Verantwortung, werde ein Diener des Menschen.

Das ist der siebte Schlüssel.

Wenn wir alle Tropfen in demselben Meer sind, sind wir nicht nur alle Brüder und Schwestern, wir sind mehr als das, wir sind alle zusammen ein Wesen. Wie Haare auf einem einzigen Kopf oder wie Zellen in einem einzigen Organismus.

Was der Einzelzelle schadet, schadet im Endeffekt auch dem ganzen Körper. Wenn sich in deinem Körper eine Krebszelle vermehrt, so kann das mit der Zeit den ganzen Körper schwächen und töten. Das bedeutet, dass ein Schaden, der einem Teil der Menschheit zugefügt wird, den ganzen Menschheitskörper betrifft. Wir sind eins, ein einziges Wesen mit vielen, vielen Händen, Gesichtern und Körpern.

Wir müssen endlich damit beginnen, diese Verantwortung anzuerkennen. Dein Nachbar ist ein Teil von dir, ebenso dein Chef, deine Mutter, dein Freund und dein Kind. Was du ihnen antust, tust du dir selbst an. Wenn du ihnen wehtust, bereitest du dir selbst im Endeffekt Schmerzen.

Dazu wieder ein Beispiel:
Stell dir vor, du hättest einmal üble Laune und würdest deinen Lebensgefährten anschreien. Damit tust du ihm weh. Das hat seine Wirkung auf ihn. Er zieht sich zurück. Beim nächsten Mal reagiert er schon heftiger, woraufhin du auch heftiger reagierst. Mit der Zeit wird dieser rüde Umgangston in Eurer Beziehung zur Gewohnheit.

Ihr versetzt Euch gegenseitig verbale Hiebe, tut Euch weh.

Was du am Anfang ausgesendet hast, kommt jetzt zu dir zurück.

Nun noch ein Beispiel für das Gleiche in einem etwas größeren Rahmen:

An der Universität, wo ich studierte, gab es viele sehr eigensüchtige Studenten. Sie versuchten, sich gegenseitig Informationen zu stehlen, ohne zugleich ihr eigenes Wissen preiszugeben. Oft wurde ich darum gebeten, jemandem einen Text zum Kopieren zu leihen, bekam dafür aber nur Lügen als Gegenleistung. Diese eifersüchtigen Studenten bildeten eine größere Gruppe um ihren Professor. Sie versuchen sich gegenseitig wegzuschieben, um selbst nach oben zu kommen. Es war ganz offenkundig, dass sie alles, was sie austeilten, auch immer selbst erleiden mussten, weil ihre Kollegen es mit ihnen genauso machten.

Ich war davon so angewidert, dass ich eine eigene Gruppe zur gegenseitigen Unterstützung gründete. Wir waren etwa dreißig Studenten. Unsere Vereinbarung war, dass wir immer versuchen wollten, uns gegenseitig zu helfen, zu unterstützen und mit Informationen zu versorgen. Ich selbst war sozusagen die Zentrale, bei mir gingen alle Informationen ein. Mit dieser Idee ging es uns allen sehr gut.

Wir halfen den ausländischen Studenten mit der deutschen Sprache, spielten die mündlichen Prüfungen miteinander durch, hörten uns gegenseitig ab, machten uns gegenseitig auf Informationen aufmerksam, kopierten Texte, bibliographierten füreinander und diskutierten die jeweiligen Themen, die sich jemand gewählt hatte.

Nach wenigen Wochen hatte jedes Mitglied unserer Gruppe einen Nebenjob, weil wir uns immer gegenseitig auf Vakanzen aufmerksam gemacht hatten. Jeder war im Besitz aller wichtigen Informationen, jeder lehrte die anderen, was er oder sie wusste. Fast alle aus unserer Gruppe haben ihr Examen mit einer 1 bestanden. Und das war sogar noch leicht, weil wir alles hatten, was wir brauchten.

Die eifersüchtige Gruppe zog sich immer gegenseitig herunter. Die unterstützende Gruppe schob sich gegenseitig nach oben. Was du deiner Gruppe gegeben hast, hast du auch dir selbst gegeben. Es funktioniert so in einer Familie, in einer Gruppe, in einem Betrieb, in einem Lande und auf einer Welt.

Da wir das schon so lange wissen, sollten wir langsam entsprechend reagieren und uns dieser Verantwortung stellen.

Wie können wir diese Verantwortung übernehmen?
Es ist leichter, als es scheint.

Schau dich um. Wer ist bei dir? Dein Vater, dein Lebensgefährte, deine Freunde und deine Kollegen? Wer sind die Menschen, die jetzt bei dir sind, zu diesem Zeitpunkt deines Lebens?

Begreife diese Menschen als deinen Stamm, den Teil deines Volkes, der unmittelbar zu dir gehört. Schließe auch die Tiere mit ein, die bei dir sind. Auch sie gehören dazu. Wir haben zweibeinige und vierbeinige Brüder und Schwestern in unserem Stamm.

Fang nicht erst an, nach den Menschen zu suchen, die dir besser gefallen. Die Kraft hat jene Menschen, die dich zurzeit begleiten, nicht zufällig an deine Seite gestellt.

Übernimm Verantwortung für sie, diene ihnen.

Wenn es in deinem Stamm Streit gibt, versuche ihn zu schlichten. Sei nachsichtig mit den Schwachen, tröste die Trostbedürftigen, stärke jene, die gute Pläne haben.

Gib deine Kraft denen, die gut für den Stamm sind, entziehe deine Unterstützung jenen, die dem Stamm schaden wollen, aber lasse auch sie nicht fallen. Sie sind ein Teil des Stammes, sie sollten nur keine Kraft bekommen für ihre negativen Pläne.

Lasse niemals einen Menschen fallen, sei aber trotzdem streng mit jenen, die gern quälen, verletzen, zerstören, zersetzen und schaden wollen. Es macht für die Wirkung ihres Handelns keinen Unterschied, ob sie begreifen, was sie tun oder nicht. Du kannst Menschen, die etwas Gutes kaputt machen, nicht gewähren lassen, weil sie unbewusst sind.

Unterbinde ihr Handeln, aber geh nicht aus der Verantwortung, gerade für sie. Begreife, dass du nicht ihre Führerin bist, sondern ihre Dienerin. Es ist auch ein Dienst, ihnen im entscheidenden Moment Kraft zu entziehen.

So können sie lernen.

Achte sorgfältig darauf, dass du nicht in Arroganz oder Dünkel verfällst. Die Mitglieder deines Stammes müssen nicht einmal wissen, dass du den Dienst angetreten hast. Diene ihnen mit unaufdringlicher Warmherzigkeit.

Ich habe diesen Dienst schon als kleines Kind begonnen, als ich in meine erste Schulklasse kam. Seit dem habe ich weitergedient in all meinen anderen Schulklassen und auf all den vielen Arbeitsplätzen, die ich im Laufe der Jahre hatte und niemals haben die Menschen um mich herum davon gewusst. Trotzdem waren sie ein wenig gesünder, fröhlicher und erfolgreicher als andere Gruppen.

Wenn dein Schicksal dich auf einen neuen Platz verschlägt, dann beginne hier von Neuem. Erkenne wiederum deinen Stamm an und beginne den Dienst.

Kein Mensch ist auf der Welt, um zu herrschen, auch wenn einige das von sich glauben. Aber selbst Könige sind nichts anderes als die ersten Diener ihres Volkes. Diesen Dienst können wir jederzeit tun.

Wer gehört alles zu deinem Stamm?

Wenn du einmal zählst, wie viele Menschen unmittelbar zu dir gehören, dann kommst du auf etwa 12 Personen.

Sie sind deine direkten Familienmitglieder, jene Kollegen, die täglich mit dir zusammenarbeiten und die Tiere in deiner Wohnung. Dazu kommt noch eine Anzahl weniger direkter Begleiter deines Lebens, das sind die entfernteren Verwandten, Freunde, die man seltener trifft und die Kollegen aus anderen Abteilungen.

Auch sie sind ein Teil deines Stammes, aber deine spezielle Fürsorge gilt den 12 direkten Mitgliedern. Jesus Christus hatte auch nur 12 direkte Jünger. Das ist für einen Menschen genug.

Wenn du deine Fürsorge auf diese ungefähr 12 Personen ausdehnst, wirst du nicht überfordert sein. Mehr braucht es nicht. Wenn jeder Mensch sich um 12 Stammesmitglieder kümmern würde, wäre für jeden Menschen dieser Erde bestens gesorgt.

Was kannst du für diesen Stamm tun?
Sei achtsam auf sie, bevormunde niemanden, halte ihnen keine Volksreden, aber sprich, wenn du fühlst, dass du etwas sagen musst. Sei ihnen eine wirkliche Freundin, gib deine Aufmerksamkeit, dein Zuhören, deine Liebe. Warne sie, wenn nötig, heile, wo es möglich ist, tröste, wo Trost gebraucht wird. Wenn du so einen Dienst antrittst, wird für dich immer gesorgt sein. Und lerne von ihnen. Du kannst nicht glücklich sein, wenn es in deiner unmittelbaren Umgebung Menschen gibt, die leiden, also versuche, ihr Leid zu lindern, unaufdringlich und behutsam. Überfordere dich nicht.

Manche Menschen lassen sich nicht an ihrem Unglück hindern. Du musst nicht über deine Kräfte hinausgehen.

Stelle deine jeweiligen Fähigkeiten zur Verfügung, wo es gebraucht wird. Gib das, was du zu geben hast, sei es dein Zuhören oder deine Kraft. Wir Menschen haben einander so viel zu geben.

Wenn deine Kollegen streitsüchtig sind, lehre sie das Lachen. Sind sie eifersüchtig, lehre sie das Selbstvertrauen.

Sei wie eine gute Mutter, die Raum gibt für Entwicklung, die bereit ist, ohne sich einzumischen.

Gib ihnen Darshan.

Erblicke immer die Wahrheit in ihnen und mach sie auf diese Wahrheit aufmerksam, wenn du sie in Worte fassen kannst.

Hierzu ein Beispiel:
Vor Jahren saß ich in einem Büro täglich einer ewig nörgelnden, ewig mürrischen Kollegin gegenüber.

Es war wirklich nicht leicht, mit ihr auszukommen und ich habe ordentlich Spürsinn entwickeln müssen, um bei ihr die Wahrheit zu finden. Aber eines Tages gab sie mir die Gelegenheit, indem sie von ihrer Tochter sprach. Da leuchteten ihre Augen plötzlich, ihr Rücken wurde ganz gerade, sie machte lebhaftere Gesten und war ganz angefüllt von dem, was sie mir erzählen wollte. Da wusste ich, hier ist ein Stückchen blauer Himmel zwischen all den Wolken. Ich sprach sie sofort darauf an. Ich sagte ihr, wie ihre Augen eben geleuchtet hätten und dass sie wohl eine außergewöhnlich liebevolle Mutter sei.

Sie stutzte, wie die Menschen immer stutzen, wenn sie so urplötzlich mit ihrer Wahrheit konfrontiert werden. Dann sprudelte es aus ihr heraus. Wie sie ihre Tochter allein großgezogen hatte noch in der schlechten Zeit, wie sie es bedauert hatte, so wenig Zeit mit ihr verbringen zu können, weil sie so viel arbeiten musste, wie sie sich gekümmert hatte und immer versuchte, ihrer Tochter ein glückliches Leben zu bereiten, und wie sie auch heute noch liebevoll an dem Leben ihrer inzwischen erwachsenen Tochter teilnahm.

Das klang wunderbar. Da wusste ich, dass ich es geschafft hatte. Ich hatte die offene Tür zu ihrem Herzen entdeckt.

Sehr behutsam öffnete ich diese Tür noch ein wenig weiter und der Erfolg war ganz verblüffend.

Diese Kollegin wurde plötzlich ein ganz anderer Mensch. Sie veränderte auch ihr Leben, suchte sich Freundinnen, mit denen sie sich austauschen konnte, nahm ihr altes Hobby wieder auf und war auf einmal richtig fröhlich. Wenn an unserem gemeinsamen Arbeitsplatz wieder mal eine der üblichen Pannen passierte, amüsierten wir uns darüber, anstatt zu meckern.

Es war nicht nur für sie, sondern auch für mich viel angenehmer so. Wer mag schon immer einem mürrischen Gesicht gegenübersitzen. Aber wer hätte auch je erlebt, dass Vorwürfe einen Menschen fröhlicher gemacht hätten?

Finde den liebevollen Dreh und meine es auch ganz ehrlich.

Habe Respekt vor deinen Mitmenschen, sie sind ein Teil von dir.

So lautet also der siebte Schlüssel:

Erkenne deinen Stamm an und diene ihm.

Wie weit geht so ein Dienst?
Es ist sehr wichtig, dass du nicht nur auf die anderen, sondern auch auf dich selbst achtsam bist. Wenn du all deine Kräfte verschleuderst, kannst du niemandem mehr etwas geben. Du bist dann energetisch pleite.

Achte also auch darauf, dass du selbst allen Freiraum hast, den du brauchst.

Die meisten Menschen tendieren entweder dazu, viel zu viel für andere zu tun, oder viel zu viel für sich zu beanspruchen.

Hierzu noch ein kleines Beispiel:

In meinen Besprecher-Seminaren erzähle ich den Teilnehmern immer, es sei für eine Besprecherin nicht richtig, Nein zu sagen, wenn sie um Hilfe gebeten wird.

Wenn mich jemand bittet, ihm zu helfen, und ich mich auch in der Lage sehe zu helfen, dann sage ich ihm Ja.

Nun rief mich eine Schülerin an und berichtete, dass sie von einer Bekannten um Hilfe gebeten worden war. Die Bekannte wollte aber sofort zu ihr kommen. Eigentlich fühlte sie sich selber sehr schlecht und hatte im Bett gelegen. Nun dachte sie, sie dürfe nicht Nein sagen. Sie bejahte also und raffte sich aus dem Bett, um den ganzen Abend und noch die halbe Nacht der Bekannten die Karten zu legen.

Was war hier falsch?

Es ist ein schöner Zug von ihr, Ja gesagt zu haben. Allerdings habe ich niemals gefordert, dass dieses Ja nicht auch für einen anderen Tag gelten kann. Sie kann Termine machen. Die Menschen, die die Hilfe des Besprechers in Anspruch nehmen wollen, haben deshalb weder das Recht, den Zeitpunkt zu diktieren, noch den Preis. Geld hat die Schülerin übrigens auch nicht genommen.

Siehst du, was ich meine?

Auch wenn du Ja sagst, behältst du doch deine Freiheit. Der Hilfesuchende muss sich in deinen Terminplan einpassen. Er will doch etwas von dir, also muss er gegebenenfalls seine Termine absagen, um zu dir zu kommen. Und er muss zu einer entsprechenden Gegenleistung bereit sein. Es muss nicht unbedingt Geld sein, wenn er keines hat, er kann auch eine Arbeit für dich erledigen, die allerdings wiederum du bestimmen solltest. Alles andere wäre gnadenlose Ausbeutung.

Du selbst bist ebenfalls ein Mitglied deines Stammes. Kümmere dich um deinen Stamm, das schließt alle Mitglieder ein.

Finde den Mittelweg für dich. Fang nicht an, auf Prinzipien herumzureiten. Manchmal muss es auch sein, dass wir mitten in der Nacht aus dem Bett springen, um jemandem zu helfen.

Ein andermal kommt das überhaupt nicht in Frage.

Wenn du deine Intuition benutzt, wirst du immer wissen, ob jemand gerade in Not ist oder dich nur energetisch abzocken will.

Lehre die Mitglieder deines Stammes auch das Geben, so wie ich es an der Universität getan habe. Dressiere deinen Stamm keinesfalls darauf, immer alles von dir zu erwarten und selber nie etwas zu tun.

Finde auch hier den Mittelweg. Ich habe immer die Feststellung gemacht, dass die meisten Menschen gern geben.

Sie haben nur Angst, ausgenutzt zu werden. Nimm ihnen behutsam diese Angst und hilf ihnen unauffällig auf den Weg. Kritisiere nicht an ihnen herum, sondern zeige ihnen lieber ihre eigenen Kräfte und Möglichkeiten.

Eines Tages, in einigen Jahrhunderten, werden alle Menschen auf der Welt so leben. Jeder wird sich um seinen Stamm kümmern und für alle wird gesorgt sein. Dann wird jemand kommen – Mann oder Frau, das weiß ich nicht – und wird den Menschen zeigen, wie sie noch weiter gehen können. Meine Worte werden dann ungültig.

Alles, was ich hier beschrieben habe, sind nur Krücken auf dem Weg. Wenn der Mensch laufen gelernt hat, wird ein anderer kommen und ihm zeigen, wie man fliegt.

Deine Kim

Zum Weiterlesen

Einige Informationen und
Texte von De Wise Fru

Die Rituale der weisen Frauen

Was sind die weisen Frauen?

Die Tradition der weisen Frauen lässt sich in Germanien mindestens 2000 Jahre zurückverfolgen. Aus Texten von Tacitus und Cäsar wissen wir, dass unsere Vorfahren glaubten, allen Frauen seien bestimmte geheimnisvolle Fähigkeiten eigen. Einige Frauen taten sich besonders hervor und waren die eigentlichen weisen Frauen Germaniens. Sie genossen einen Ruf, der weit über die Landesgrenzen hinaus reichte, waren Frauen von großem Mut und gewaltiger Persönlichkeit, die Beraterinnen von Anführern und Königen, deren Honorar oft nicht gerade klein ausfiel. Bis heute sind sie unsere Vorbilder. Das waren keine süßlich von Liebe säuselnden Esoterikerinnen im weißen Gewand, das waren intensive, tapfere Frauen, die bereit waren, für ihre Leute große Risiken einzugehen und die ein mächtiges Wort in der Politik der damaligen Zeit mitmischten. In der Ausbildung, die ich gebe, trachten wir danach, den Teilnehmern zu helfen, diese Qualitäten und diese Kraft wieder in sich zu entwickeln.

Jene Frauen gab es über einen langen Zeitraum hinweg. Erst sehr viel später, im ausgehenden Mittelalter, zur Hochzeit der Hexenverbrennung veränderte sich die Situation. In jener Zeit wurden Menschen bereits wegen kleinster Vergehen und geringfügiger Andersgläubigkeit gefoltert, verurteilt und verbrannt. Die weisen

Frauen konnten es nicht mehr riskieren, sich offen zu zeigen oder gar hervorzutun. Es gab auch keine Zusammenkünfte mehr. In dieser Zeit wurden jene Frauen entmachtet, verkleinert und in die Heimlichkeit getrieben. Dennoch gab es sie. Überall in den Dörfern gab es vereinzelte weise Frauen, die heimlich und versteckt ein wenig vor sich hin geheilt und gewirkt haben. Aber sie hatten ihre Macht und ihren Einfluss eingebüsst. Sie wurden zu Heilerinnen, Besprecherinnen und Böterinnen. Ihre Tätigkeit beschränkte sich nun auf das Element Erde.

Aufgrund der erzwungenen Isolation entstanden nun viele unterschiedlichen Traditionslinien. Viele dieser Frauen und später auch Männer entwickelten mit der Zeit eine eigene Form des Besprechens, die sie unauffällig an einen Nachfolger oder eine Nachfolgerin weiterreichten. Die Tatsache, dass ein gesellschaftlicher Wandel stattfand, in dessen Zuge den Frauen immer mehr Kräfte und auch Rechte abgesprochen wurden, fand natürlich auch hier ihren Niederschlag. Eine der damals entstandenen Traditionen, die besagt, dass das „Wissen" immer nur an gegengeschlechtliche Schüler, also von einer Frau auf einen Mann, von einem Mann auf eine Frau vererbt werden darf, sehe ich als eine solche Maßnahme, die sicherstellen soll, dass das weibliche Geschlecht kein den Männern unzugänglichen Wissen besitzt. Die weise Frau wurde entmachtet und fast unsichtbar.

Dennoch sehe ich uns als Nachfahrinnen unserer großen Ahninnen. Fähigkeiten mögen verschüttet worden sein, aber sie sind nicht verschwunden. Jede moderne Frau, die sich wahrhaftig für diese Urkräfte in sich interessiert, kann mit der richtigen, fachgemäßen Anleitung diese auch wieder in sich wachrufen und entfalten. Das genau ist eines der wichtigsten Anliegen der weisen Frauen heute.

Weise Frauen haben die Entwicklung im Blick

Es geht für uns unter anderem darum, Entwicklung zu beobachten, zu fördern, sie zu initiieren und zu lenken. Dies geschieht zu einem nicht geringen Teil durch entsprechende Rituale. Um dies zu verstehen, müssen wir uns die ganz grundlegenden Schritte vor Augen halten, die zu einer Entwicklung gehören:

1. Verlassen der persönlichen „Komfortzone"
2. Die Entwicklungskrise
3. Finden des „Neuen"
4. Das richtige Einordnen der Erfahrung

Was ist die Komfortzone?

Jeder Mensch hat eine persönliche Entwicklungsgeschichte. Sie enthält alle unsere Erfahrungen von Kindheit an. Unsere Erlebnisse, schöne wie auch harte, unser Wissen, Worte, die zu uns gesprochen wurden, die uns in eine bestimmte Richtung bewegten vieles, was uns auf unserem Wege begegnet ist, hat uns geformt und zu dem gemacht, was wir heute sind. Wir haben also Erfahrungen, Fähigkeiten und Wissen und Können. Das ist unsere Komfortzone. Viele der Herausforderungen des Lebens können wir mit Hilfe dieser Qualitäten meistern. Allerdings ist das noch keine Weiterentwicklung. Es ist nur die sinnvolle Nutzung einer bereits zuvor absolvierten Entwicklung. Wenn es weiter gehen soll, wenn mehr und weitere Entwicklung geschehen soll, ist es erforderlich, die Komfortzone zu verlassen. So etwas tun wir für Gewöhnlich nicht freiwillig. Menschen neigen dazu, sich gegen Veränderungen zu wehren. Schicksalsschläge haben oft den Effekt, uns aus unserer Komfortzone herauszuschleudern. Wenn uns der Ehemann nach dreißig Jahren Ehe urplötzlich verlässt, wenn wir unsere langjährige Arbeit verlieren, wenn das Hochwasser oder ein Feuer unseren Besitz zerstört, dann ist die Komfortzone erst einmal kaputt und wir sind gezwungen anders, unerwartet und neu zu handeln. In den Nachrichten zu den jüngsten Überschwemmungen in vielen Dörfern habe ich einen Mann sagen hören: „Wir waren ja die ganze Zeit über in der Turnhalle eingepfercht, ich habe noch nie soviel mit meinen Nachbarn geredet. Wir haben uns großartig verstanden und die Hilfsbereitschaft der Menschen untereinander war einmalig". Diese Worte liefern ein großartiges Beispiel für einen bereits abgeschlossenen Entwicklungsschritt. So gut können nicht alle mit diesen Phänomenen umgehen.

Die Krise

Jede Entwicklung ist mit einer Krise verbunden. Diese muss nicht immer gewaltig sein, denn wir Menschen durchlaufen auch immer viele Minikrisen. Die Komfortzone schützt uns nicht mehr. Wir können nicht mehr auf das zurückgreifen, was wir bereits wissen, verstehen und können. Das macht Angst, das verwirrt und verunsichert. So eine Krise zeigt sich im Kleinen auch dann schon, wenn sich im Gespräch nur ein Mensch völlig anders als erwartet verhält. Und im Falle einer Überschwemmung oder eines Hausbrandes ist die Erfahrung ungleich erschreckender. Ich habe einmal beobachtet, wie ein Gastwirt, der eigentlich stets gegen die Ausländer in unserem Viertel gewettert hat, eine türkische Familie in seine Kneipe einlud und ihnen Tee kochte, als deren Haus abbrannte und sie alle im Nachzeug nur mit Decken umhüllt auf der Straße standen. Eine Krise bietet immer auch die Chance auf etwas Neues. Hier in diesem Fall war es etwas Schönes. Eine ungeahnte Bereitschaft zur gegenseitigen Verständigung war entstanden. Leider gelingt es den Menschen nicht immer, das gebotene „Neue" einer Situation zu finden und anzunehmen. In der Krise durchlaufen wir unterschiedliche Zustände. Wir hadern mit unserem Schicksal, wir werden wütend, wir versuchen krampfhaft alles zurückzudrehen und die Komfortzone wieder zu errichten. Unser Verstand läuft auf Hochtouren und argumentiert gegen das Neue. Wir sind ratlos, mitunter depressiv. Je nachdem, wie groß der jeweilige Schritt ausfallen muss, ist diese Phase schwerer oder einfacher zu bewältigen.

Das Neue

In jedem Fall geht es immer darum, das „Neue" zu finden und zuzulassen. Das kann ein neuer Weg sein, eine neue Tätigkeit, Kraft, Qualität, Idee, Lebens- oder Verhaltensweise. Eines ist jedoch klar, es geht nicht oder zumindest nicht nur um neue Informationen. Neue Informationen, neues Wissen können wir uns zulegen, ohne die Komfortzone zu verlassen. Wir lassen einfach den Berg an Wissen in unserem Kopf anwachsen. Dies jedoch zieht keine Entwicklung nach sich. Menschen können über ein ganz erstaunliches Wissen verfügen und dennoch ganz unzulängliche Menschen sein.

Mitunter kann es sehr schwierig sein, das „Neue" zu finden. Darum sind sich Menschen, die schon viele solcher Schritte vollzogen haben, darüber klar, dass sie vielleicht „Geburtshelfer" ihres nächsten Entwicklungsschrittes benötigen. Solche Geburtshelfer können zum Beispiel Psychologen, Schamanen, weise Frauen oder Älteste sein, die bereits die Struktur solcher Abläufe kennen und sie mit dem gebührenden Respekt behandeln, soll heißen, dass sie ihren Klienten nichts einreden oder aufdrängen, sie nicht überreden, sondern nur den heiklen Findungsprozess des jeweiligen und oft ganz persönlichen Neuen unterstützen. Hat sich das Neue herauskristallisiert und ist es auch angenommen worden, dann hat sich der betroffene Mensch um diesen Aspekt erweitert. Er ist gewachsen, größer geworden.

Ein Beispiel:
Ich kenne einen Mann, dessen Haus abbrannte. Bis zu diesem Zeitpunkt war er sehr einsam und ohne eigene soziale Kontakte. Er neigte dazu, andere Menschen zu verachten und auf sie herabzusehen. Als seine Komfortzone sich in Rauch auflöste, war er gezwungen, in ein Zimmer bei einer Frau einzuziehen, mit der er entfernt bekannt war. Im Laufe der folgenden Monte fand bei ihm eine erstaunliche Wandlung statt. Er lernte den Wert anderer Menschen zu verstehen, erwarb einfach soziale Kompetenzen, entwickelte kleine Freiheiten, wo zuvor phobische Zwänge sein Leben bestimmt hatten und wurde schließlich der Lebensgefährte seiner Vermieterin. Er erweitere sich um alles, was der soziale Bereich zu bieten hat: Liebe, Freundschaft, Beziehung. Und zugleich erweitere er seine phobische En-

ge und weitete seine Bewegungsspielraum zu immer mehr und mehr Freiheit. Die ursprüngliche Katastrophe verhalf ihm zu erstaunlichem persönlichen Wachstum.

Ein anderes Beispiel:
Eine altere Dame, deren Mann bereits verstorben war, lebte einsam und zurückgezogen auf den Tod wartend. Ihre Komfortzone wurde durch die Krebskrankheit zerstört, die sie heimsuchte. Im Krankenhaus war sie gezwungen durch die Mehrbettzimmersituation, wieder Kontakte zu Menschen aufzunehmen. Ihr soziales Interesse blühte wieder auf. Ihre vielen Gespräche mit Leidensgenossen dort, führten dazu, dass sie sich wieder auf das Lebern hin orientierte. Sie genas und war danach völlig verändert. Sie kaufte sich neue Kleidung, machte weite Reisen und fand sogar noch einen neuen Lebensgefährten. Sie hat sich um einen ganzen neuen Lebensabschnitt erweitert, obwohl sie eigentlich die Absicht hatte, zu sterben, wie sie auch immer wieder zum Ausdruck gebracht hatte.

Und hier noch ein drittes Beispiel:
Eine Frau hatte ihrem Mann immer alle schwierigen Aufgaben überlassen und als er unvermutet starb, konnte sie weder Auto fahren, noch wusste sie, wie man die Heizung im Keller einschaltet, noch wie man ein Formular ausfüllt. Es ist leicht vorstellbar, in was für eine heftige Krise sie das Ableben ihres Mannes gestürzt hatte. Nach vielen Tränen und intensiven Hadern fand sie ihr neues Element, die Selbständigkeit. Sie begann erst zaghaft, dann immer entschlossener werdend zu lernen. In dem Maße, in dem sie lernte, wuchs ihre innere Selbständigkeit. Heute würde sie nie mehr einem Mann alles überlassen und sich selbst in die Kindposition zurückschleudern. Sie hat sich um den Faktor Selbständigkeit erweitert.

Die Erfahrung richtig einordnen

Hier liegt eine der Gefahrenquellen. Es kann immer wieder passieren, insbesondere wenn Menschen keine guten Berater um sich haben, dass sie aus den Ereignissen völlig falsche Schlussfolgerungen ziehen.

- „Alle Menschen sind schlecht"
- „Männer sind Schweine"
- „Die Deutschen sind bessere Menschen"
- „Da kann man sowieso nichts machen"

Das sind typische Fehleinschätzungen, die den jeweiligen Menschen nicht wachsen, sondern schrumpfen lassen.

Wer alle Menschen für schlecht hält schneidet sich von der ganzen bandbreiter positiver, sozialer Erfahrungen ab. Wer die Männer verachtet, schneidet sich von der ganzen einen Hälfte der Weltbevölkerung ab. Wer die Deutschen für bessere und andere Menschen für schlechtere Geschöpfe hält, reduziert sein soziales Feld und damit auch sich selbst auf nur ein einziges Volk, statt auf alle unsere Brüder und Schwestern auf der Welt. Und wer an ausweglose Situationen glaubt, negiert die Möglichkeit inneren Wachstums gleich vollkommen.

Hier kommen die weisen Frauen ins Spiel. Unter anderem ist es unsere Aufgabe, Menschen die durch solche Entwicklungskrisen gehen, dabei zu unterstützen und für das richtige Einordnen der Erfahrungen zu sorgen.

Rituale

Die Rituale der weisen Frauen haben sehr oft die Funktion, solche Wachstums und Entwicklungsprozesse in Gang zu setzen. Dazu werden die vier oben genannten Schritte (1. Verlassen der Komfortzone, 2. die Krise, 3. Finden des Neuen, 4. richtiges Einordnen der Erfahrung) entweder symbolisch oder auch ganz real durchlaufen. So gibt es beispielsweise die Nacht im Wald. Ein Ritual, das über zwei Tage geht, bei dem die Teilnehmer für 24 Stunden allein und ohne Essen und Trinken im Wald ausgesetzt werden und zwar im Januar. Dass hier die Komfortzone real verlassen wird, liegt auf der Hand. Dadurch wird die Entwicklungskrise eingeleitet. Die Teilnehmer, die selbstverständlich ausgiebig vorbereitet wurden, wissen, wie sie sich während des Rituals verhalten sollen. Die weise Frau begleitet das Ritual spirituell und ein Helfer befindet sich auch vor Ort an einem festgelegten Standort im Wald. Auf geistigem Wege besucht die Weise Frau ihre Schützlinge im Wald und beobachtet deren Fortschritte und seelischen Zustand. In einem anschließenden Gespräch bei einem Festmahl werden alle Erfahrungen ausgetauscht und hier kann die weise Frau dafür sorgen. dass diese Erfahrungen auch verstanden und richtig eingeordnet wurden.

Andere Rituale durchlaufen wesentliche Entwicklungsschritte symbolisch wie zum Beispiel das Tod und Wiedergeburt Ritual. Die Teilnehmer des Rituals sterben symbolisch und es wird eine von ihnen selbst zuvor verfasste Grabrede für sie gehalten. In ihren „Gräbern", das sind ausgewählte Plätze im Wald, meditieren die Teilnehmer auf das Loslassen, denn das ist es, was der Tod bedeutet. Der Tod ist für uns das ganz große Loslassen. Die Teilnehmer lassen all ihre Habe, all ihre Freunde und Angehörigen und schließlich all ihre Meinungen und Ansichten los. Auch dieses Ritual bedarf selbstredend der inneren Vorbereitung. Anschließend werden die Teilnehmer „wiedergeboren" und durchlaufen noch einmal symbolisch alle wesentlichen Stufen der Kindheit: Krabbelphase, Sandkiste, Schule, Pubertät, erste Liebe, erster Liebeskummer usw. aber diesmal ohne Fehler bzw. falsche Schlussfolgerungen. Die Teilnehmer werden darin unterstützt, ihre Erfahrungen diesmal richtig einzuordnen. Richtig heißt dabei wachstumsfördernd und nicht verhindernd.

In anderen Ritualen geht es um die Gemeinschaft, um gemeinschaftliches miteinander handeln und erleben. In diese Kategorie fallen zum Beispiel die Jahreskreisfeste, Ostara, Midsommer, Wintersonnenwende usw.

Auch hier geht es um Entwicklung. Jedes dieser Feste hat seine Bestimmung. Im gemeinschaftlichen Durchführen und Erleben solcher Feste erfüllt sich nicht nur die ursprüngliche Bestimmung des Ereignisses, sondern können zugleich vielfältige Entwicklungsprozesse stattfinden.

Ein Beispiel:
Bein unserem letzten Ostara Ritual wurde auch gesungen und es wurden kleine Sequenzen des ursprünglichen Mythos' der großen Mutter aufgeführt. Der alte Mythos besagt, dass Mutter Erde ihren Geführten, die Sonne, alljährlich in der Nacht der Wintersonnenwende neu gebiert. Anschließend regeneriert sie selbst zur Jungfrau. Im Frühling bei Ostara sind beide, die Sonne und Mutter Erde wieder Kinder, junge halbwüchsige, die aber schon ihre

Verbindung zu einander fühlen. Dies haben wir in Szene gesetzt und die Rolle der jungen Mutter Erde übernahm ein Kind aus unserem Dorf. Wochenlang übte ich mit ihr das Singen. Der eigentliche Auftritt, mit all seinen Implikationen (Menschen, die ihr applaudieren, einmal im Mittelpunkt stehen, das Lampenfieber überwinden, sich etwas trauen usw.) stellten für das Mädchen eine solch große Menge des „Neuen" dar, dass sie im Anschluss mehrere innere Wachstumsschritte erlebe, die sie enorm voran brachten. Wer diesen Auftritt gern einmal sehen möchte, kann dies auf meiner Facebook Seite unter meinem Namen Kim Barkmann. Ich habe dort Filmclips von beiden Auftritten des Mädchens eingestellt.

Als letzten und abschließenden Gedanken möchte ich hier noch dies eine hinzufügen. Wir alle, die wir im Verlaufe der Jahreskreisfeste die Rolle der großen Mutter in irgendeiner ihrer Erscheinungsformen schon einmal dargestellt haben, bemerkten, dass sich daraus noch eine weitere Entwicklungsmöglichkeit ergibt. Offenbar ist es so, dass die Göttin selbst in jene Frau oder jenes Mädchen schlüpft, welches sie gerade verkörpern soll und ihr von innen heraus Mut, Kraft und Segen zufließen lässt. Unsere schamanische Priesterin erlebt es regelmäßig, dass die Göttin während solcher Rituale durch sie spricht. Das öffnet innere Türen zu wirklicher Größe. Als weiterführendes Material empfehle ich den Dokumentarfilm „Rituale" von mir, zu sehen auf You Tube unter dem oben genannten Titel.

Die Akademie für Schamanen und weise Frauen in Altensalzwedel

Schamanen und weise Frauen sind Menschenhelfer und Wanderer zwischen den Welten. Damit sind auch, aber nicht nur die spirituellen Welten gemeint. Menschen neigen dazu, sich selber Grenzen zu setzen, an denen sie sich festklammern, obwohl ihre Grenzen sie blockieren. Schamanen suchen stets nach Wegen, diese Grenzen zu überschreiten. Aus diesem Grunde sind Schamanen stärker und erfolgreicher als andere in ihren Leben. Auf ihre Mitmenschen üben sie eine große Faszination aus, denn die besitzen Weisheit, Mut und Kraft. Schamanen gab es bereits lange bevor die großen Weltreligionen entstanden sind.

Die weisen Frauen unserer germanischen Vorfahren waren Seherinnen und die Beraterinnen von Königen und Anführern. Schamanen waren schon immer die Psychologen ihres Volkes und arbeiteten mit speziellen zum Teil uralten Methoden, die der modernen Psychologie weit überlegen sind. Nicht jeder kann ein Schamane werden, denn es gehören grundlegende Charaktereigenschaften dazu wie Humor, Kreativität, Gefühl, Menschenliebe, Zuverlässigkeit, Aufrichtigkeit und der tiefe Wille, sich zu entwickeln und zu wachsen.

Wer dieses Rüstzeug mitbringt, kann in der Akademie für Schamanen und weisen Frauen eine hochkarätige Ausbildung erleben.

Dabei sind alle Treffen der Arbeit an der eigenen Entwicklung gewidmet. Denn alle unsere Methoden sind immer nur so machtvoll, wie wir selbst sind. Entwicklung und inneres Wachstum sind das A und O einer guten Schamanenausbildung.

Die Ausbildung in der Akademie für Schamanen und weise Frauen in Altensalzwedel genießt hohes Ansehen, weil hier auf hohem Niveau gearbeitet wird. Es gibt mehrere umfassend ausgebildete Lehrer, die zusätzlich noch unterschiedliche Fachgebiete haben.

Von Fall zu Fall rotieren die Lehrkräfte, so dass jede Gruppe in den Genuss des gesamten Wissensspektrums kommt. Die Gruppen werden teilweise getrennt und teilweise zusammen unterwiesen. Auf diese Weise entwickelt sich ein guter und Freundschaftlicher Kontakt der einzelnen Gruppen auch untereinander. In einem Circle, einem gemeinsamen Abschiedkreis, die stets von De Wise Fru geleitet wird, begegnen sich alle Gruppen und tauschen sich aus. Diese besondere Struktur bietet uns Möglichkeiten, die wohl einzigartig in Deutschland sein dürften. Wenn eine Gruppe eine Schamanische Methode erlernt hat, wird den Teilnehmern die Gelegenheit gegeben, ihre neuen Fähigkeiten sofort in den Gruppen anzuwenden. Das stärkt das Selbstvertrauen der Teilnehmer und den Mut, Erlerntes nicht nur theoretisch zu bewahren, sondern auch zu nutzen. Durch den guten Kontakt aller Akademiemitglieder untereinander bekommen die Anfänger durch die Fortgeschrittenen viel zusätzliche Hilfe und Unterstützung.

Wenn du dich für diese Ausbildung interessierst und mehr Informationen wünschst, wende dich bitte an

Kim Barkmann
Tel: 039 035 – 60 4 60
E-Mail: dwf@wisewoman.de

Weitere Informationsmöglichkeinen findest du unter:

- **www.youtube.com/user/WiseWomanDeWiseFru**, YouTube-Kanal von Kim Barkmann;
- **www.edudip.com/academy/Kim.Barkmann**, edudip-Online-Seminare mit Kim Barkman;

sowie auf den Webseiten

- **www.wisewoman.de**,
- **www.diepriesterin.de**.

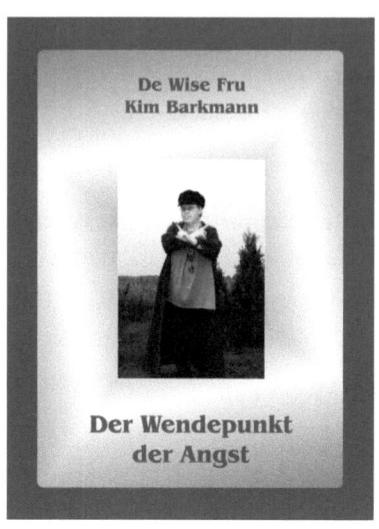

Der Wendepunkt der Angst
von De Wise Fru Kim Barkmann

De Wise Fru stellt eine völlig neue Sichtweise auf das Thema Angst dar. Mithilfe von drei Schlüsseln führt sie den Zuhörern eine Methode vor, mit deren Hilfe Angst umgewandelt werden kann in Kraft, die die eigene Entwicklung unterstützt. Angst ist eines der großen Themen unserer Zeit, so De Wise Fru, und wir alle leiden zumindest gelegentlich darunter. Wenn wir jedoch verstehen, was es mit diesem Gefühl wirklich auf sich hat und warum es uns gerade jetzt heimsucht, dann bietet uns das die Chance auf einige gänzlich neue Perspektiven in dieser Welt.

Erschienen bei: BoD – Books on Demand, Norderstedt
ISBN 978-3-8482-0106-8

Gespräch ber die Liebe
von De Wise Fru Kim Barkmann

Was hat es aufsich mit diesem Ding namens Liebe? Warum gibt es Liebe auf der Welt? Was brauchen wir, um wahre Liebe erfahren zu können? Wie weit reicht die Liebe wirklich und ist sie wirklich eine Himmelsmacht? Diese und viele andere Fragen beantwortet De Wise Fru in dem hier vorliegenden Buch. In einem langen Gespräch mit einer Schülerin offenbart sie die spirituelle Weisheit, die sich hinter dem verbirgt, was wir Menschen als Liebe erfahren. Das ist ebenso spannend wie einfach, denn die wahre Natur der Dinge ist niemals kompliziert. Sie kann jederzeit und von jedem verstanden werden.

Erschienen bei: BoD – Books on Demand, Norderstedt
ISBN 978-3-8482-5628-0